MARTIN BURCKHARDT

Die Erlebnisse nach dem Tod

Der nachtodliche Weg des Menschen durch die übersinnliche Welt

Eine Zusammenfassung
von Schilderungen Rudolf Steiners

EDITION VERLAG DIE PFORTE

Studienmaterial
zur anthroposophisch orientierten Geisteswissenschaft

1. Auflage 1996

Printed in Germany by Greiserdruck, Rastatt

ISBN 3-85636-118-9

Der Tod ist verschlungen in den Sieg.
Tod, wo ist dein Stachel?

1. Korinther 15,55

INHALT

«Der Tod ist schrecklich oder kann wenigstens schrecklich sein für den Menschen, solange er im Leben weilt. Wenn der Mensch aber durch die Pforte des Todes gegangen ist und zurückblickt auf den Tod, so ist der Tod das schönste Erlebnis, das überhaupt im menschlichen Kosmos möglich ist.»

«Denn wenn er auch Vernichtung ist, angesehen von dieser physischen Seite des Lebens, so ist er das Herrlichste, das Größte, das Schönste, das Erhabenste, was immerfort gesehen werden kann von der anderen Seite des Lebens aus. Da bezeugt er fortwährend den Sieg des Geistes über die Materie, ...»

«... daß diese Schranken gefallen sind, daß der Mensch nicht mehr durch diese Fesseln gehemmt ist, trägt ein Gefühl der Beseligung in sich. So ist das Devachan eine Zeit des Frei-Sich-Auslebens nach allen Seiten hin, in einer so reichen, so weiten, ungehemmten Weise, wie der Mensch es niemals hier kennengelernt hat.»

«Und diese Auferstehung des Geistigen, mit dem vollständigen Abstreifen des Physischen, das ist ein Ereignis, das immer dasteht zwischen Tod und neuer Geburt. Das ist ein tragendes, ein wunderbar großes Ereignis, und in sein Verständnis wächst die Seele nach und nach hinein; ...»

Rudolf Steiner[1]

I
Einleitung – Voraussetzungen

«Tod ist ein langer Schlaf – Schlaf ist ein kurzer, kurzer Tod, der lindert dir ...»: So beginnt ein Kanon von Haydn; die Menschheit kennt den Schlaf seit Urzeiten als den «kleinen Bruder» des Todes. – *Rudolf Steiner* ergänzt: «Sie sind nur dadurch voneinander verschieden, daß der Mensch im Schlafe beim normalen Leben kein Bewußtsein hat von der Welt, in der er während des Schlafes ist, und zwischen dem Tode und der neuen Geburt hat er ein Bewußtsein, da weiß er, was mit ihm vorgeht. Das ist der wesentliche Unterschied.»[2*]

Seit Christi Geburt steht das zentrale Ereignis der Auferstehung als Garant mindestens für ein Leben nach dem Tod. Daneben berichten viele ältere Quellen von dem nachtodlichen Dasein, z. B.: das indische «*Brihad-Aranyaka*» und die «*Upanischaden*», das «*Ägyptische Totenbuch*», das «*Tibetanische Totenbuch*», Homers «*Odyssee*» (11. Gesang), Platons «*Politeia*» (10. Buch). Ebenso schildern viele Mythen und Volksepen (z. B. «*Traumlied des Olaf Åsteson*») und Dichtungen der Weltliteratur (z. B. Dantes «*Göttliche Komödie*») nachtodliche Erlebnisse. *Raymond Moody* hat in den siebziger Jahren dieses Jahrhunderts begonnen, angeregt vor allem durch Schilderungen *Emanuel Swedenborgs* und *George Ritchies*, Erlebnisberichte von kurzzeitig für tot erklärten Menschen wissenschaftlich auszuwerten; umfangreicher bearbeite-

* Ein genauer Nachweis über die Quellen von Aussagen und Zitaten findet sich im «Quellennachweis» (Seite 63ff.).

te dann *Kenneth Ring* und streng wissenschaftlich erstmals *Michael Sabon* dieses Thema der nach- bzw. nahtodlichen Erlebnisse. Inzwischen wird vor allem in den USA auf breiterem Felde medizinisch und psychologisch geforscht. Natürlich gibt es ebenso aus dem Bereich des Okkultismus und der Esoterik ungeheure Mengen mehr oder weniger ernstzunehmender Schriften und Berichte über das Leben nach dem Tod.

Diese Hinweise sollen lediglich zeigen, daß von unterschiedlichster Seite Erfahrungen und Erkenntnisse über das Leben nach dem Tod vorliegen. Sie sind in vielen Zügen mit den Inhalten der folgenden Darstellung vereinbar, werden aber mit keinem Wort erwähnt; denn Ziel dieser Darstellung ist allein, ein zusammenfassendes Bild von den umfangreichen, z. T. sehr unterschiedlichen Äußerungen Rudolf Steiners über dieses Thema zu geben. Dabei soll der Weg des Menschen nach seinem Tode durch die übersinnliche Welt beschrieben werden, nicht aber die Beziehung zwischen Lebenden und Toten und wie sie gepflegt werden kann; die zahlreichen Äußerungen Rudolf Steiners hierüber bilden einen eigenen Themenkreis.

Die Schwierigkeit, daß die Äußerungen Rudolf Steiners mindestens Grundkenntnisse seiner Geisteswissenschaft erfordern, kann nur dadurch überwunden werden, daß der Leser vorurteilslos und mit der Bereitschaft, eventuell eigene Begriffe zu erweitern oder in Frage zu stellen, an den Inhalt herantritt.*

* Den Weg zu seinen geisteswissenschaftlichen Erkenntnissen beschreibt Steiner im wesentlichen in «Wie erlangt man Erkenntnisse der höheren Welten?» (GA 10), «Die Geheimwissenschaft im Umriß» (GA 13, Kap. «Zur Erlangung übersinnlicher Erkenntnisse») und «Theosophie» (GA 9, Kap. «Der Pfad der Erkenntnis»)

Die Verwendung von «Fachausdrücken» aus der Terminologie der Geisteswissenschaft Rudolf Steiners wurde weitgehend vermieden. Dennoch müssen einige Grundbegriffe eingeführt werden:

Rudolf Steiner unterscheidet die sichtbare «physische Welt» von einer «Seelenwelt» und einer «Geist(igen) Welt». Der Mensch mit Körper, Seele und Geist urständet und lebt in diesen drei Welten. Sein sichtbarer, materieller Körper ist der «physische Leib», den er mit Steinen, Pflanzen und Tieren gemeinsam hat. Der «Ätherleib» (auch «Lebensleib» genannt) belebt mit Lebenskräften den physischen Leib und verhindert im Leben, daß jener wie nach dem Tode zerfällt. Auf seinem Wirken beruhen Wachstum, Fortpflanzung, Ernährung bei Pflanzen, Tieren und Menschen. Die Fähigkeit zur Empfindung von Schmerz, Freude etc. teilt der Mensch nur mit den Tieren in dieser Welt. Sie ist die Eigenschaft des «Astralleibes», des Seelischen, das der Seelenwelt entstammt. Ordnende Begriffe und Gedanken bilden kann allein der Mensch durch seine Verbundenheit mit der Geistwelt. Von ihr hat er sein «Ich», und in diesem «Ich» begründet sich die Möglichkeit des Menschen, über die Gefühle hinaus sich selbst zu bestimmen. So umfaßt das Wesen des Menschen die vier Glieder «Physischer Leib», «Ätherleib», «Astralleib», «Ich». (Weitere Wesensglieder bildet der Mensch künftig aus.)

Gelegentlich ist in der Darstellung von «hohen geistigen Wesen» die Rede. Es würde sehr verwirren, sie im Text zu benennen und zu charakterisieren. Ganz allgemein kann aber gesagt werden:

Es sind überwiegend tätig in der *Seelenwelt* Geister des Lebens / des Zwielichts: Angeloi; Geister des Feuers / der

Sprache: Archangeloi; Geister der Zeit / der Persönlichkeit: Archai; (Seelengeister – «3. Hierarchie»).

Es sind überwiegend tätig in der *unteren Geistwelt* Geister der Form: Exusiai; Geister der Bewegung: Dynamis; Geister der Weisheit: Kyriotetes; (Lichtgeister – «2. Hierarchie»).

Es sind überwiegend tätig in der *höheren Geistwelt* Geister des Willens: Throne; Geister der Harmonie: Cherubim; Geister der Liebe: Seraphim; (Kräftegeister – «1. Hierarchie»).

Eine differenzierte Beobachtung der körperlichen, seelischen und geistigen Vorgänge in der Welt in Beziehung zu den Lebensprozessen kommt zu dem Ergebnis, daß die Evolution auf der Erde ohne den Menschen und seine Wiedergeburt unmöglich ist. Einen echten Sinn könnte ein Leben nach dem Tod wie vor dem Tod ohne diese Perspektive wohl auch nicht ergeben. Sie bildet entsprechend den Erkenntnissen der Geisteswissenschaft Rudolf Steiners den Hintergrund der folgenden Betrachtung.

Noch eine letzte Vorbemerkung: In dieser Arbeit wird auch für den Zeitraum *nach* dem Tode schlicht vom «Menschen» gesprochen. Dabei ist klar, daß der «Mensch nach dem Tode» gemeint ist, bzw. das, was vom Menschen, unabhängig von unserer Vorstellung, nach dem Tode bleibt.

Rudolf Steiner weist bei seinen Darstellungen in der Regel darauf hin, daß alle verwendeten Ausdrücke zur Beschreibung der übersinnlichen Welten der Sinnenwelt entlehnt und deshalb unzureichend sind; sie können die völlig andersartigen Verhältnisse nur vergleichend umschreiben.

II
Überblick über die Erlebnisse nach dem Tod*

Nach dem großartigen Augenblick des Todes (vgl. die Leitzitate, S. 9) sieht sich der Mensch zunächst von einem gewaltigen, lebendigen, aber ganz emotionsfreien Bilder-Panorama umgeben, welches ihm alle Erlebnisse seines Lebens zugleich zeigt. Nach etwa 3 Tagen sind diese Bilder verblaßt, und der Mensch beginnt in gefühlsmäßigem Erleben seine Biographie noch einmal zu durchlaufen, aber nun vom Tode ab rückwärts und aus der Perspektive seiner Umwelt. Für die Zeit, die einem Drittel des erreichten Lebensalters entspricht, durchlebt er die Wirkungen seines Lebens: er fühlt jetzt selbst am eigenen Leib, was seine Mitmenschen und seine Umgebung durch sein Tun und Verhalten erlebt haben. Dadurch kann er sich ein objektives Urteil über sein Leben bilden. Allerdings leidet er im ganzen Verlauf am Verlust seines Körpers und der an ihn gebundenen Empfindungsmöglichkeiten so sehr, wie er im Leben gewohnt war, die jetzt immer noch vorhandenen *seelischen* Begierden und Leidenschaften in der Befriedigung zu genießen. Er muß nun in den ersten vier Regionen dieser *Seelenwelt*, nacheinander, sein Begehren nach Sinneseindrücken (1. Region), nach Vorstellungen und Gedanken (2. Region), nach Wünschen (3. Region) und nach Selbstgefühl (4. Region) überwinden, insofern alle diese sich in dem physischen Organismus und dem körperlichen Dasein

* Der Inhalt findet sich größtenteils und soweit nicht anders angegeben in GA 9 und GA 13 (entsprechende Kapitel). Im übrigen wird auf den Quellennachweis der «Vertiefenden Darstellung...» (Kap. 4) verwiesen.

begründen und deshalb jetzt nicht mehr möglich sind.[3] Ebenso muß der Mensch in den drei folgenden Regionen der oberen Seelenwelt die Nichtigkeit der Ideale zur Erhöhung seiner sinnlich orientierten Wohlfahrt (5. Region), die Wertlosigkeit der allein tatendurstigen, in der «realen» Sinnenwelt befriedigten Seelenkraft (6. Region) und die Schädlichkeit der Geistes-Art erfahren, die sich nur um die Vermehrung des materiellen Wohlstandes in der Welt bemüht (7. Region).

Diese «Reinigung» öffnet dem Menschen zugleich die Tore zu neuen Welten und Wesen, die er nicht wahrnehmen konnte, solange er noch mit Sehnsüchten, Illusionen und Irrtümern zur Erde gewandt und in die damit verbundenen persönlichen Leiden verstrickt war. Er tritt in die *Geistwelt* ein und wird dort von allen «Urbildern» der Erde umgeben. Es sind dies zunächst in der 1. Region der Geistwelt die Urbilder alles Irdisch-Physischen, die wie das feste Land der Geistwelt erscheinen und aus ihren Kräften die physischen Gestalten der Erde formen. Sie erweisen sich zugleich als die Erzeuger der vergleichsweise schattenhaften Menschengedanken. In der 2. Region werden auch die «Urbilder des Lebens» wahrnehmbar. Ihre Lebenskräfte durchströmen wie Wasser das «Land» der Geistwelt und beleben auf der Erde alle Lebewesen, so daß sie einen Ätherleib entwickeln. Die Atmosphäre, der «Luftkreis» der Geistwelt wird von den «Urbildern des Seelischen» der 3. Region gebildet. Dort gestalten sie die «Witterung», während sie den beseelten Wesen hier auf der Erde die Substanz für alle Stimmungen, Gefühle und Affekte liefern und ihren Astralleib erfüllen. So, wie der Mensch ab der 3. Region der Geistwelt ihren «Luftkreis» erlebt, nimmt er ab den folgenden Regionen ihre Wärmeverhältnisse wahr: was als Ideen, Einfälle und schöpferische

Gedanken im Menschen aufleuchtet, durchdringt die «Landschaft» der Geistwelt wie Wärme und Kälte. Es sind die alles verwebenden Urbilder der Menschenschöpfungen, der Menschenwerke.

Aus den höheren Regionen der Geistwelt ergießt sich wie Sonnenlicht über die Landschaft alle Weisheit der erhabensten Geistwesen. In diesem kosmischen Weisheitslicht lebt dort der Mensch und nimmt davon auf, soviel er kann.

Der Mensch durchlebt diese «Landschafts-Räume» der Geistwelt wie in einem Tag-Nacht-Rhythmus. Aber Tag und Nacht ergeben sich nicht aus wechselnden Außenlichtverhältnissen, sondern deshalb, weil er sich selbst rhythmisch nach außen öffnet und abschließt und dadurch Licht und Dunkel erlebt. Auch erscheint jedem Menschen diese Landschaft unterschiedlich hell. Denn dadurch, daß der Mensch die hohen Geist-Wesen, wie im Erdenleben sein Ich, aus dem Inneren wahrnimmt, sieht er die Landschaft der Geistwelt nur soweit beleuchtet, wie aus seinem Innern von den hohen Wesen Weisheitslicht durch das Tor seiner Seele auf diese Landschaft strahlen kann. Das hängt aber davon ab, was für ein Leben er auf Erden geführt und wie er sich entwickelt hat.

Die Tätigkeit des Menschen in dieser Urbilder-Landschaft der Geistwelt bezieht sich zum einen auf die Umgestaltung der Erd-Natur, auf die er geistig einwirken kann; zum anderen arbeitet er – angeleitet von hohen Wesen – zusammen mit den ihm nahestehenden (inzwischen auch längst verstorbenen) Menschen an dem «Geistkeim» des Körpers seines nächsten Erdenlebens. Der Tierkreis-Fixsternhimmel und die Planeten geben Gestaltungskräfte dazu. Zugleich finden Prozesse statt, durch welche die Voraussetzungen geschaffen werden, die für die Entwicklung der Fähigkeit des aufrechten

Gehens, des Sprechens und Denkens auf der Erde nötig sind.

Der Höhepunkt in der Geistwelt ist für den Menschen die Wahrnehmung des «Götterzieles»: das große Menschheitsideal, das Urbild des Menschen. Bei dieser Gegenüberstellung führt die Tatsache seiner Unvollkommenheit dazu, daß der Mensch einerseits aus der Geistwelt herausgedrängt wird, andererseits von sich aus sich wieder mit Sehnsucht zur Erde wendet, wo er seine Schulden ausgleichen und seine Fähigkeiten vermehren will. Diese Sehnsucht wird nach nochmaliger Konfrontation mit der Biographie zu einer organisierenden Kraft, die den Geistkeim des Menschen allen kosmischen Einflüssen in der Weise aussetzt, daß er zur richtigen Zeit mit der richtigen Konstitution auf die Erde kommt. Nur dadurch wird seine innere und äußere Gestalt so geprägt, wie es der bereits ausgearbeitete Schicksalsplan erfordert; nur dadurch kann sich das von ihm gesuchte Schicksal erfüllen.

Indem die Zeit der Wiedergeburt näherrückt, wird alles, was der Mensch in der Geistwelt an kosmischer Weisheit aufgenommen und an göttlichem Bewußtsein gewonnen hat, in Lebenskräfte umgewandelt, die zur Gestaltung des Embryos notwendig sind. Bevor aber der Mensch bis zur Geburt in tiefstes Bewußtseinsdunkel versinkt, erlebt er vor der dritten Schwangerschaftswoche in einer großen Überschau das bevorstehende Leben, so wie er nach dem Tode ein Panorama seines vergangenen Lebens um sich hatte.

Unterdessen ist auf der Erde viel Zeit verflossen. Die Erde hat sich so verändert, daß sie dem Menschen völlig neue Erfahrungsmöglichkeiten bietet; umsomehr dadurch, daß er in der Regel mit dem anderen Geschlecht geboren wird und die Welt aus der anderen Perspektive, z. B. jetzt als Frau erlebt. Wenn der Mensch ein weiteres Mal, also z. B. erneut als Mann wiedergeboren wird, hat sich die gesamte Menschheitskultur wesentlich, d. h. in ihrem Bewußtsein gewandelt; nach jeweils etwa zwei Inkarnationen ist ein anderer großer Kulturimpuls wirksam. (In dieser Zeit – etwa 2160 Jahre – hat sich für die Erde durch ihre Präzession der gesamte Fixsternhimmel im Verhältnis zum Himmelsäquator um ein Zwölftel gewendet und der astronomische Frühlingspunkt um ein Tierkreisbild weiterbewegt.) So inkarniert sich der Mensch in jedem «Kapitel» der Menschheitsgeschichte etwa einmal als Mann und einmal als Frau.[4]

Bei allen das Nachtodliche betreffenden Zeitangaben ist zu berücksichtigen, daß im konkreten Einzelfall sich mehr oder weniger große Abweichungen ergeben – alters-, entwicklungs-, schicksals- und kulturbedingt.

III
Der Zusammenhang der Seelen- und Geistwelt mit dem Sternenkosmos

In dem vorangehenden Kapitel deutet sich bereits an, daß die übersinnliche Welt einen gewissen Aufbau hat: nach dem Tod und dem sich anschließenden Lebenspanorama durchläuft der Mensch erst vier untere und drei obere Regionen der *Seelenwelt*, dann drei untere und darauffolgend einige höhere Regionen der *Geistwelt* (in der Terminologie des Okkultismus oft entsprechend den fernöstlichen Geheimlehren «Kamaloka» und «Devachan» genannt). Von dort kehrt er auf die Erde zurück, indem er alle Regionen noch einmal in der anderen Richtung durchläuft. Diese übersinnlichen Regionen und ihr Verhältnis zueinander kommen auch äußerlich-physisch zum Ausdruck: in den Regionen von Planeten und Fixsternen und ihren räumlich-zeitlichen Verhältnissen. «Und es ist ja auch wirklich so: Wenn man äußerlich auf den Stern hinweist, hat man den betreffenden Ort, auf den man hinweisen muß, wenn es sich um irgendein übersinnliches Gebiet handelt.»[5] In diesem Sinn bedeutet das Dasein des Menschen in den Regionen von Seelen- und Geistwelt nach dem Tode zugleich eine Wanderung durch die Sternensphären. Leider nur kann es eigentlich nicht als «Wanderung» oder «Weg» vorgestellt werden, wenn auch im Vorangehenden und Folgenden – wie in den Schilderungen Rudolf Steiners – meist auf diese Weise darüber geschrieben wird, um das Wesentliche begreiflich zu machen. Will man aber den Prozeß, den der körperlose Mensch nach dem Tode durchmacht, nicht bildhaft, sondern tatsächlich verstehen, muß er etwa wie folgt beschrieben und jede andersartige Schilderung entsprechend übersetzt werden (man muß generell seine «Begriffe umformen»[6]):

Das, was der Mensch über seinen Körper hinaus ist, löst sich im Todesmoment von dem Leichnam und dehnt sich nach allen Seiten sphärisch immer mehr aus, weitet sich und weitet sich – über alles Umliegende hinaus: «Der Mensch wächst in der Tat geistig zur Riesengröße»,[7] bis zu einer «ungeheuren Verdünnung» seiner geistigen Substanz.[8] Die verstorbenen Menschen und andere körperlose Wesen durchdringen sich dabei gegenseitig; sie erleben sich nur dadurch getrennt, daß ihre Bewußtseine voneinander getrennt sind, «so daß man ganz ineinanderstecken kann, ohne voneinander zu wissen».[9]

Nach einer Zeit, die etwa dem Drittel des erreichten Lebensalters entspricht, ist der Mensch schon weiter ausgedehnt als jener kugelartige Raum, der sich durch die Erdumlaufbahn des Mondes als äußere Grenze ergibt.[10] So breitet sich dieser makrokosmisch-sphärische Mensch in der nachtodlichen Zeit allmählich durch die planetarischen und die Fixstern-Räume aus. Entsprechend ihrer geozentrischen Entfernung von der Erde*[1] durchdringt er nacheinander die Regionen von Mond, Merkur*[2], Venus, Sonne, Mars, Jupiter, Saturn und erreicht zuletzt die Fixstern- / Tierkreis-Räume.*[3] Aus diesen fernsten Weltenweiten zieht sich die Sphäre des Menschen dann wieder zusammen und wird aus unvorstellbarer Verdünnung so sehr «komprimiert», «zusammengedrückt», daß sie sich zuletzt als «kleine geistige Kugel ... mit der physischen Kugel, die die Keimzelle ist», verbindet.[12]

*[1-3] Beachte Erläuterungen am Ende dieses Kapitels.

Wenn man mit dem «geistigen Auge»* zu den Planeten hinschaut, sieht man in ihrem Umraum die Kräftefelder der geistigen Planetenwesenheiten.[13] Die Sphären dieser Wesenheiten, die durch die Planetenbahnen umsponnen werden und kugelartig vorgestellt werden müssen, sind, wie gesagt, der räumliche Ort der übersinnlichen Regionen von Seelen- und Geistwelt. Während der Ausdehnung über die Mondsphäre durchlebt der Mensch die ersten vier Regionen der Seelenwelt; wenn er die Merkurregion erreicht, durchlebt er die 5. Region der Seelenwelt; mit der Venusregion durchlebt er die 6. Region der Seelenwelt usw. Es besteht also folgender Zusammenhang:[14]

1.–4. Region der Seelenwelt	—	Mondregion	untere Seelenwelt
5. Region der Seelenwelt	—	Merkurregion	obere Seelenwelt
6. Region der Seelenwelt	—	Venusregion	
7. Region der Seelenwelt	—	Sonnenregion	
1. Region der Geistwelt	—	Marsregion	untere Geistwelt
2. Region der Geistwelt	—	Jupiterregion	
3. Region der Geistwelt	—	Saturnregion	
Höhere Regionen d. Geistwelt	—	Fixstern-/ Tierkreisregion	höhere Geistwelt

Im weiteren werden die Regionen von Seelen- und Geistwelt mit den Planeten bezeichnet. Also ist das, was im Kapitel 2 («Überblick ...») zu den Regionen von Seelen- und Geistwelt gesagt wurde, mit den folgenden Beschreibungen der Planetenregionen zu verbinden. Wenn im einzelnen scheinbare Widersprüche empfunden werden, liegt das an dem andersartigen

* Die Ausbildung geistiger Organe für die übersinnliche Wahrnehmung wird im wesentlichen in GA 10, GA 13 und GA 9 beschrieben.

Zeit- und Raumzusammenhang und an der prinzipiellen Unvorstellbarkeit der Verhältnisse vom Erdenstandpunkt aus.

Erläuterungen zu Seite 21:

*1 Für das nachtodliche Dasein in der übersinnlichen Welt ist ein geozentrisches Weltbild maßgebend; nach diesem werden auch Sonne und Mond als Planeten bezeichnet, weil sie, wie die anderen Planeten, subjektiv für den Standpunkt der Erde sich um dieselbe herum bewegen. (Uranus, Neptun und Pluto haben in diesem Zusammenhang keine wesentliche Bedeutung.)

*2 Weil die Venus geozentrisch der Erde näher liegt als der Merkur, scheint Venus und Merkur hier verwechselt. Rudolf Steiner weist aber in vielen Vorträgen darauf hin, daß die Namen «Venus» und «Merkur» von der Astronomie verwechselt wurden, als das Kopernikanische Weltbild aufkam, und in Wahrheit die heutige «Venus» der Merkur und der heutige «Merkur» die Venus ist. Deswegen wird hier im weiteren – entsprechend den alten Lehren – die astronomische Venus *Merkur* und der astronomische Merkur *Venus* genannt.[11]

*3 In einigen späten Vorträgen spricht Rudolf Steiner in Bezug zum nachtodlichen Dasein nur von Monden- und Sonnensphäre. Meinem Verständnis nach ist diese Bezeichnung repräsentativ für Seelen- und Geistwelt gemeint und umfaßt untersonnige und obersonnige Planetenregionen (inkl. Fixsternwelt).

IV
Vertiefende Darstellung der Erlebnisse nach dem Tod

Das Lebenspanorama

Im Augenblick des Todes entläßt der Körper die Seele, weil «seine Kräfte nicht mehr im Sinne der menschlichen Organisation wirken können».[15] Das bedeutet, daß auch das Gefüge der Lebenskräfte, der Ätherleib, dem physischen Körper entweicht und sich allmählich ausdehnt. Der Mensch erlebt indessen, daß sich seine Gedanken zu Erinnerungsbildern umformen, sie erscheinen ihm «wie losgelöst von sich» – «gleichsam außer seiner Seele». Er erlebt sie so real, wie früher die materiellen Gegenstände.[16]

In den Ätherleib hatten sich zeitlebens alle Erlebnisse eingeprägt. Seine Lösung vom physischen Körper bewirkt, daß sich diese Erlebnisse in Form von Erinnerungsbildern frei entfalten können; das war durch die Bindung der Lebenskräfte, der Ätherkräfte im Körper während des Lebens nicht möglich.[17] Nun aber umgibt den Menschen ein Panorama mit allen Einzelheiten seines Lebens. Obwohl dieses «Tableau» für ihn ganz lebendig ist, sind Freuden und Schmerzen nicht vorhanden,[18] und im Anschauen empfindet er: «Das hast du dir erworben, aber das steht da in der Außenwelt drinnen, objektiviert; ...»[19] Dieses sphärisch den Toten umgebende Lebenstableau, seine gesamte Erinnerungs- und Vorstellungswelt, verblaßt von Stunde zu Stunde in dem Maße, wie sich der Ätherstoff, aus dem es gewoben ist, ausdehnt. Er verströmt in das Universum und trägt die im Tableau abgebildete Erdenerfahrung dem göttlichen Weltenkosmos entgegen.[20] Nur eine Art Extrakt, der alles enthält, was sich an Geistigem dem Menschen offenbart hat, bleibt fernerhin mit dem Menschen verbunden.[21]

Nach der Zeit, die man im Leben ununterbrochen wach bleiben konnte (etwa 3 Tage),[22] hat sich das Panorama in den Weiten völlig aufgelöst und mit ihm alles, was man an «Innenleben», an «Erinnerungsvorstellungen» hatte: «Es ist so, wie wenn wir dasjenige Ich, das wir eigentlich als unser Ich bezeichnet haben während des Erdenlebens, hinschwinden sehen würden in die Weiten des Weltenalls.»[23] «Dasjenige, was der Inhalt des bewußten Erdenlebens ist, ist drei Tage nach dem Tode verflogen.» «Das ist schon so. Vor dieser Tatsache muß man die Augen nicht zudrücken.»[24] Bevor der Mensch auf diese Art eine «übersinnliche Betäubung» erfährt und wie durch eine Ohnmacht hindurchgeht[25], wird in ihm ein Bewußtsein von sich selbst dadurch angefacht, daß er empfindet: «Du mußt deine in Fernen gegangenen Gedanken suchen!».[26] Dennoch: er kann sie nicht halten, er kann ihnen nicht folgen. Aber so, wie er an die Weltenweiten verlieren muß, was sein Leben als Erinnerung ins Innere eingeprägt hatte, wird ihm im Folgenden aus der Welt zurückgegeben, was er mit seinem Leben in diese eingeschrieben hat.[27]

In der Seelenwelt («Kamaloka»)

Nach dem Verlust der Vorstellungswelt* entsteht aus dem beschriebenen ohnmacht-ähnlichen Zustand heraus im Innern des Menschen ein stark begehrendes Gefühl, ein stark fühlen-

* Fußnote siehe folgende Seite.

der Wille: ein Sich-Hinneigen nach dem, «was das letzte Leben geboten hat».[30] Daraus entwickelt sich bald ein unendlich intensives, gefühlsmäßg-zurückschauendes Erleben der Biographie. Es ist aber nicht ein Erinnern der Tageserlebnisse, sondern ein Aufdämmern alles dessen, was der Mensch zu Lebzeiten unbewußt im Schlaf erlebt hat infolge der vorausgegangenen Tages- bzw. Wacherlebnisse. Er erlebt sein ganzes Leben aus der Perspektive der Nächte, rückwärts Nacht für Nacht,[31] (so daß er in der Seelenwelt solange verweilt, wie er im Leben geschlafen hat – ca. ein Drittel der Lebenszeit).[32] Zu Lebzeiten hatte der Mensch jede Nacht im Schlaf unbewußt seine Tageserlebnisse wiederholt, aber aus dem Blickwinkel der Umwelt. Jetzt, nach dem Tod, durchlebt er in ähnlicher Weise, aber bewußt, alle Tageserlebnisse, und zwar so, daß sich in alles, was er gedacht, gefühlt, getan hat, «eine vollständige moralische Beurteilung hineinmischt».[33] Diese ist derart, daß der Mensch durch sie erlebt, was das eigene Leben bedeutet hat für die Umwelt, für den Kosmos und damit für die Geistwelt. Das Objektive jeder einzelnen Tat wird nun dadurch deutlich, daß der Mensch fühlend erfährt, wie sie vom Gegen-

* Offenbar in nur einem Vortrag erwähnt Rudolf Steiner «ein ganz spezielles Erlebnis», das hier noch angeführt werden soll:

«Vor diesem Eintritt in die Läuterungszeit» (Kamaloka) «erlebt der Mensch die Begegnung mit einer ganz bestimmten Wesenheit, die ihm sein karmisches Konto vorhält.» Diese «Individualität» erscheint dem Menschen als sein «karmischer Richter» und ist Christus Jesus, der in unserer Zeit dieses Amt von Moses übernimmt.[28]

An anderer Stelle spricht Rudolf Steiner davon, wie nach dem Tod der Mensch auf das eigene «kosmische Urbild» hinschaut. Dieses «in den Äther gezeichnete», «leuchtende Bild seiner eigenen Gestalt ... strahlt ein geistiges Licht aus», und «was da von uns leuchtet, das ist ein unerbittlicher Richter, der mit klarem Licht auf das leuchtet, was unser Tun wert war. Das Gewissen wird selber ein kosmischer Impuls, der nach dem Tode außer uns wirkt».[29]

über erlebt und empfunden worden ist. Sowohl den Schmerz, den er jemandem zugefügt, wie auch die Freude, die er einem anderen gemacht hat, durchlebt *er selbst*. Die Wirkung des eigenen Verhaltens hat sich in Umwelt und Kosmos eingeschrieben. Nun kommt diese Wirkung auf den Menschen zurück, und er erfährt durch diese zweite Seite seines Tuns und Denkens objektiv den Wert, den es für Umwelt und Kosmos, für die geistige Welt hat.[34]

Aus diesem objektiven Erleben seiner Biographie ergeben sich für den Menschen große Leiden: es ist nicht nur das Leid, das er unmittelbar einem anderen zugefügt hat und jetzt selbst erleben muß – denn dabei fühlt er erst, was eigentlich richtig gewesen wäre zu tun; daß er aber seine Schuld hier in der nachtodlichen Zeit nicht wieder gutmachen kann, wie es sein innigstes Verlangen ist, bereitet ihm das größere Leid.[35] Die in diesem Prozeß entstehende Selbsterkenntnis ergibt die Grundlage seines nachtodlichen Bewußtseins.[36]

In der unteren Seelenwelt (Erdnähe und Mond-Region)

Die größten Qualen muß der Mensch durchmachen – wie bereits im Kapitel «Überblick ...» angedeutet – bei der Entwöhnung von seinem sinnlich und materiell orientierten Leben, unter welchem ja z. T. ganz offensichtlich die Umwelt und damit der ganze Kosmos leidet. Es ist ein regelrechtes Herausbrennen derjenigen Leidenschaften, die nur mit den jetzt *fehlenden* körperlichen Organen befriedigt werden könnten. In dem Maße wie sich der Mensch an den Genuß sinnlicher Befriedigung gewöhnt hatte und solches Verlangen immer neu in ihm aufgestiegen war, leidet er jetzt. Wie durch

Feuer wird verzehrt, was an seelischer Substanz ihn an das Irdische bindet (im Katholizismus «Fegefeuer» genannt). Alles Seelische, was sich in Wünschen zur irdischen Welt hinneigt, löst sich unter diesen Qualen vom Menschen ab und verbleibt in der Region der Seelenwelt, die er hinter sich läßt; nur wieder ein Extrakt davon bleibt an ihm.[37]

Aber bei allen Leiden ruht in den Tiefen des Menschen eine Empfindung, durch die er weiß: es muß so sein, es ist gut so. Denn dadurch erst entwickelt er die ungeheuren Kräfte und Impulse, die nötig sind, damit sein nächstes Leben anders verläuft. Und diese Perspektive wirkt auf den Menschen so, daß er seine Qualen bejaht und sie anders empfindet, als Lebende es sich vorstellen können.[38]

In der oberen Seelenwelt (Merkur-, Venus-, Sonnen-Region)

In der unteren Seelenwelt befand sich der Mensch zwischen Erde und Mond-Region. Dort hat er die schmerzerregende, schädliche Wirkung des sinnlichkeitsorientierten Lebens erfahren und war ganz in sich selbst und seine Leiden(-schaften) verstrickt. Er dringt nun nacheinander in die Regionen von Merkur, Venus und Sonne, und sofern er im Leben Moralität, Religiosität und Spiritualität entwickelt hat, kann sich ihm allmählich der Horizont zu anderen Wesen etwas öffnen. Mit ihnen hat er dann ein «geselliges» Dasein, das durch sein tätiges Eingebunden-Sein fruchtbar wird für den «Fortschritt der ganzen Welt».[39] Eine unmoralisch-unsoziale, unreligiös-atheistische und in tieferem Sinn unchristliche Lebensweise führt entsprechend in der Merkur-, Venus- und Sonnenregion zur Isolation des Menschen. Dann durchlebt er in grausamer Einsamkeit die Wirkung seines Lebens, das jetzt «für ihn eine Qual, für die Welt Zerstörung» bedeutet. Denn nach einem derartigen Leben sitzt er «wie in einer Schale drinnen», die einerseits für ihn ein «Gefängnis» ist, andererseits aber in dem Ganzen des Kosmos ein Loch erzeugt, so daß von Menschen mit einem solchen Leben überall «Löcher» in die übersinnliche Welt gerissen werden.[40] Wer sich aber einleben und verbinden kann in diesen Regionen, erhält dort die Kräfte, die er braucht für einen gesunden Astralleib, für eine gesunde Seelennatur im nächsten Leben.[41]

Mit der Region des Merkur dringt der Mensch in den Bereich, aus dem die über Krankheit und vorzeitigen Tod entscheidenden Kräfte auf die Erde wirken. Dadurch, daß in der übersinnlichen Welt die Naturgesetzmäßigkeiten eine Einheit mit den moralischen Gesetzen bilden, wird z. B. derjenige Mensch, der in Gewissenlosigkeit gelebt hat, aus seiner Isolation heraus eine Zeitlang zum Diener der Mächte, die von dort Krankheiten und Seuchen auf die Erde lenken.[42]

Während der Mensch in der Merkurregion «fertig zu werden» hat mit seinen «sittlichen Begriffen» und ihren Folgen, ist sein Dasein in der Venusregion davon abhängig, ob er im Leben eine Stimmung entwickeln konnte, die hinter dem Vergänglichen von Natur und Welt ein Unvergängliches, Göttliches empfindet und verehrt. War ihm das möglich, dann ist er dort mit ähnlich fühlenden Menschen bzw. mit seinen Glaubensbrüdern zusammen,[43] während ein Atheist von nun an «ein völlig Einsamer» wird und gewissermaßen «einfriert».[44] Derjenige, der im Leben die Fähigkeit zu lieben geübt hat, wird bestärkt, indem ihn die kosmischen Liebeskräfte der Venus überstrahlen.[45] Er kann ein Diener der Mächte sein, die Gesundheit und das sprossende und wohl gedeihende Leben auf Erden bewirken.[46] Für den, der oftmals mit Haß erfüllt war, verwandeln sich die Liebesstrahlen der Venus in Zorneskräfte.[47]

In die Sonnenregion kann sich nur einleben, wer Toleranz zu üben gelernt und das über alle Religonen hinaus die Menschen Verbindende in sich aufgenommen hat: das, was aus dem edelsten Grund des Menschen heraufwachsen kann und auf «das Menschliche im Menschen» schaut;[48] durch die Verbindung mit den urchristlichen Impulsen hat der Mensch sich so vorbereitet, daß er aus dieser Region «herausziehen kann die Kräfte, die er braucht zum Wiederaufbau seines Ätherleibes» vor dem nächsten Leben.[49] Das «Verständnis der Christus-Wesenheit ... macht uns sonnenfähig, sonnenhaft, das macht uns geeignet, daß wir aus dem Gebiete, aus dem der Christus gekommen ist, Kräfte aufzunehmen fähig werden. Seit er da ist, der Christus, kann der Mensch die Kräfte mitnehmen von der Erde, die ihn in die Sonnensphäre führen. ... Wenn wir den Christus-Impuls nicht aufnehmen, dann werden die Ätherleiber immer unfähiger und unfähiger, sich ihre erhaltenden, aufbauenden Kräfte aus der Sonnensphäre mitzunehmen, um hier auf der Erde richtig wirken zu können.»[50]

Bevor der Mensch zur Sonnenregion kommt, erlebt er zumeist das, was noch «ziemlich eng mit ihm selber» zusammenhängt.[51] Dann aber beginnt es um ihn herum von überall her zu tönen und zu klingen, und in diesen Weltenklängen und Weltenharmonien vernimmt er mehr und mehr «den Sinn allen Zusammenwirkens der Sternenwelten»[52] und die Urgesetze des Daseins.[53] Zugleich aber «registrieren» hohe Wesen an dem Mißklang, der durch das Hereinmischen von letzten sprachlichen Menschen-Geräuschen entsteht, inwieweit die Menschheitskultur auf der Erde degeneriert und wie ihr zu helfen ist.[54]

In der Geistwelt («Devachan»)

In der *Seelenwelt* wurde das künftige Schicksal bereits veranlagt: der Mensch hat durch das Leiden an den Folgen der eigenen Unvollkommenheit alle Impulse und die «Kräfte des Willens» gewonnen, durch die er sich das nächste Leben im Sinne eines Ausgleichs gestalten wird. In den Regionen der *Geistwelt* hat er die Kräfte zu erringen, die zum Aufbau einer neuen, geeigneten Leiblichkeit notwendig sind.[55] Er kann nun in diese Geistwelt eindringen, weil er im Erleiden der *Wirkung* seines Lebens eine objektive und damit der Geistwelt entsprechende Anschauung von sich selbst und seinem Leben erworben hat; und die Kraft, die er erzeugen mußte, um den Zusammenhang mit seinem Erdenleben, mit dem ganz subjektiv geprägten Sinnesdasein, zu überwinden, wird wie zu einer inneren Leuchtkraft, zu einem alles überflutenden «Lichtbewußtsein»,[56] mit dem er die «Landschaft» der Geistwelt (vgl. Kap. 2) beleuchten und wahrnehmen kann.[57] Der Mensch kann nun vergessen, «was ihm das Kamaloka so schwer gemacht hat», und wird offen und frei für das Kommende.[58] Er hat das Erlebnis des «Auftauchens» in einer neuen Welt, und in dieser Geistwelt lebt er von nun an ebenso intensiv aufnehmend und mitgestaltend, wie er zuvor (in der Seelenwelt) fühlend auf sich selbst gerichtet, mit sich selbst konfrontiert war. Nach einiger Zeit tritt bei ihm eine Ermüdung auf. Dann nimmt seine Leuchtkraft ab, und in Dunkelheit bewegt er alles Erlebte einsam in sich, bis er mit neu in ihm aufleuchtendem Licht weiter in die Außenwelt vordringen und dort in Geselligkeit mit anderen tätig sein kann. Diese Phasen des Außer-Sich-Seins und des intensiven In-Sich-Erlebens wechseln rhythmisch wie im Erdenleben Wachen und Schlafen. Aber jedesmal ist zum weiteren Vordringen in die geistige Welt größere Leuchtkraft vonnöten, und in Abhängigkeit seines Vermögens kommt der Mensch an eine gewisse Grenze. Gegen Mitte der Zeit zwischen Tod und neuer Geburt dämmert sein Licht bei jeder Phase mehr ab, bis er schließlich in völliger Finsternis mit dem Wissen seiner Kosmos-Erfahrung in sich abgeschlossen ruht.[59] Es ist zugleich die tiefste Konzentration auf sich selbst, auf sein wahres Ich.[60] («Mitternachtsstunde des geistigen Daseins», «Weltenmitternacht»)

In der unteren Geistwelt
(Mars-, Jupiter-, Saturn-Region)

Von der inneren Leuchtkraft des Menschen hängt ab, ob er die auf die Sonne folgenden «obersonnigen» Planeten-Regionen mit Bewußtsein oder im «Dunkel», «einsam» durchwandert. Während in den Regionen von Merkur, Venus und Sonne Moralität, Religiosität und die Aufnahme des Christus-Impulses ihn vor der Vereinsamung bewahrten, sind es jetzt in den Regionen von Mars, Jupiter und Saturn seine spirituellen Begriffe,[61] seine auf innere Religiosität gegründete Fähigkeit, sich als Glied eines Ganzen zu erkennen[62] und seine Fähigkeit zu objektiver Selbsterkenntnis,[63] die ihn weiterbringen. Was er diesbezüglich an Errungenem mitbringt, wird in diesen Regionen befruchtet, gefördert.

Inzwischen hat der Mensch unter Anleitung höherer Wesen begonnen, gemeinsam mit den ihm leiblich oder empfindungsgemäß nahestehenden, ebenso verstorbenen Menschen, mit denen er etwa ab der Marsregion intensiver zuammenlebt,[64] aus dem Geistigen der Gliedmaßen und des Korpus des vergangenen Erdenlebens die Geistgestalt des künftigen Hauptes für das nächste Erdenleben zu schaffen.[65] Die mehr geistig verwandten Menschen, die etwa ab der Jupiterregion sich zusammenfinden,[66] nehmen bald teil an dieser gemeinsamen gegenseitigen Arbeit an ihren künftigen Häuptern. Dadurch werden ihre Schicksals-Bindungen so gestärkt, daß sie sich im nächsten Leben zum richtigen Zeitpunkt wiederfinden.[67] (Die Anlagen der neuen Gliedmaßen und des neuen Korpus werden dem Geisthaupte des Menschen allerdings erst auf dem Rückweg zur Erde, in der Marsregion, von höheren Wesen angesetzt – aus Impulsen, die sie in der Moralität des Menschen finden.)[68]

Die Tätigkeit des Menschen in diesen Bereichen der Geistwelt richtet sich aber auch herunter auf die Erde, denn von der Geistwelt aus kann er z. B. Naturkräfte und Naturgesetze erfassen und anwenden; und «je höher sich der Mensch selbst entwickelt, um so rascher und vollkommener schreitet die Umgestaltung der physischen Erde und der Fauna und Flora vorwärts».[69] Wir Menschen selbst schaffen uns unsere künftige Umwelt. «So wie wir Maschinen bauen, Buchhaltungen anlegen, Röcke machen ... auf der Erde, ... so weben wir dort, aber zusammen mit den Geistern der höheren Hierarchien und mit den entkörperten Menschen, an der Menschheit. Wir weben die Menschheit aus dem Kosmos heraus. ...»[70] Dieser Gedanke wird durch den folgenden konkreter: Die Toten «haben einen Körper aus Licht gewoben. Das Licht, das die Erde umspült, ist Stoff für die Wesen, die im Devachan leben. Sehen wir draußen eine Pflanze, die vom Sonnenlicht sich nährt: sie empfängt nicht nur das physische Licht, sondern in Wahrheit die Tätigkeit geistiger Wesen, und unter ihnen sind auch diese Menschenseelen. Sie selbst strahlen als Licht auf die Pflanzen nieder, sie umschweben die Pflanzen als geistige Wesenheiten. ... Es erfreut sich die Pflanze der Einwirkung der toten Menschen, die sie umschweben und die im Lichte um sie wirken und weben.»[71]

Mit dem Eintritt in die Geistwelt, in die Regionen jenseits der Sonne, kann der Mensch auch wieder stärker in Verbindung treten mit den lebenden Menschen auf der Erde.[72] Er strahlt seine Kräfte auf sie herunter und wird in ihren Gefühlen und Taten wirksam.[73]

Die großen, gewaltigen Klänge, die den Menschen seit der Sonnenregion umgeben haben, verwandeln sich für ihn in dem Moment, wo er die Marsregion betritt, in Sprache; es ist aber «nicht jene bloß nachahmende Sprache des Menschen ..., sondern die schöpferische Sprache, aus der die Dinge werden»[74] (vgl. in Kap. II: «Urbilder des Physischen»). Und je nachdem der Mensch in der Lage ist, diese «*Göttersprache*» zu vernehmen, wird er in der Marsregion die Kräfte entwickeln, durch die er seine Spiritualität in der noch viel materialistischeren Welt des nächsten Lebens bewahren und behaupten kann.[75] Das aus Meteoreisen gebildete Schwert des Erzengels Michael versinnbildlicht diese Kräfte. (Eisen repräsentiert den Mars unter den Metallen.)

In der Region des Jupiter lebt der Mensch in der Anschauung der *Göttergedanken*.[76] Das stärkt in ihm die Kräfte der Devotion.[77]

Indem der Mensch sich in die Saturnregion einlebt, durchdringt er zugleich das «Weltengedächtnis» und nimmt in sich auf, was dieses *Göttergedächtnis* von der Weltengeschichte bewahrt hat.[78] Auf diese Weise wird dem «Sphärenhaupte» des

Menschen, «das die geistige Anlage seines künftigen Erdenhauptes ist, alles das eingestaltet, was er braucht, um ein Bürger des Kosmos zu sein ...».[79]

In der höheren Geistwelt (Fixstern- / Tierkreisregionen)

Mit der Saturnregion ist der Mensch an der Grenze des planetarischen Kosmos. Gewöhnlich geht er unbewußt durch die jenseitigen Fixsternregionen – bis auf wenige Einzelne, die von dort mitbringen, was den wahren Fortschritt der Erdenkultur bewirkt.[80] In diesen weitesten Bereichen veranlagt der Mensch die höchsten Interessen des Menschentums. Er kann sich nun in seinem wahren eigenen Selbst, in seinem «Wesenskern» erleben und, was er geworden ist, mit den «Absichten und Zielen» der Geistwelt befruchten. Seine Vergangenheit und Zukunft erschließen sich ihm neu. Seine Handlungen sind im Einklang mit dem Weltganzen. Er ist in Gegenwart der erhabensten Wesen.[81] Und doch hat er von alledem, was da im Äußeren des Kosmos durch und mit ihm geschieht, kein Bewußtsein.[82]

Unterdessen wird die Mitte der Zeit zwischen Tod und neuer Geburt überschritten. Immer deutlicher stellt sich jetzt «wie am Ufer des Seins» vor den Menschen der «Tempel der Götter» hin: das «Abbild des göttlichen Seins im Menschenbilde», das große Menschheitsideal.[83] Aber der Mensch ist gegenüber diesem großartigen Geschehen noch in Dumpfheit gehüllt.[84] Die Erlebnisfähigkeit nach außen hatte ja durch Abnahme seiner Leuchtkraft bis zum Verlöschen immer mehr nachgelassen («Weltenmitternacht», vgl. S. 32). Wenn auch höchste Wesen in dieser dunklen Ruhezeit an ihm, mit ihm gearbeitet haben, so doch ohne sein Bewußtsein, ohne seine Leuchtkraft, die ihm dieses Außenwelt-Bewußtsein erzeugen kann. Er empfindet tiefste Abgeschlossenheit in sich; aber in dieser Tiefe des eigenen Seins bewegt und bewahrt er alles, was er in seinen Lichtzeiten in der Landschaft der Geistwelt erlebt, was er von Sphärenklängen, Weltenworten, Göttergedanken, Göttererinnerungen aufgenommen hat. Alles wird nun in ihm zu Wissen.[85]

Während der Mensch so in sich ruht, beginnen hohe geistige Wesen damit, unmittelbar in sein Inneres hinein ihre eigenen Kräfte strömen zu lassen. Sie sprechen wie göttliche Erzieher zu seinem Innern, und indem sie ihn durchwärmen und durchglühen, bewirken sie, daß er am «Ufer des Seins» «die mächtigste und glorioseste Imagination», das große Menschheitsideal schaut und daß er mehr und mehr den Willen entwickelt, ihm wirklich nachzustreben.[86]

Bei diesem «Unterricht» der göttlichen Erzieher kommt es aber zu einem Punkt, wo der Mensch seine Unvollkommenheit und Entfernung von dem Menschheitsideal, dem Götterziel spürt. Da tritt durch die Stimme Luzifers die Versuchung an ihn heran, mit den großen Weisheits- und Wissensschätzen und mit den göttlichen Kräften, die er in sich fühlt, in seinem geistigen Dasein zu verbleiben und den langen Weg der Inkarnationen zum Menschheitsideal nicht weiter zu gehen. Und es kommt zum Kampf der Götter mit Luzifer um den Menschen, in dessen Folge der Mensch aus dem göttlichen Dasein wie hinausgeworfen wird in den Weltenraum, in das Raumes-Sein, und das göttliche Bewußtsein sich ihm verdunkelt, «verhüllt». Erst dieser Entzug der göttlichen Wissensschätze durch Verhüllung des Bewußtseins entschärft die Gefahr und kann später im Erdendasein das Suchen und

Streben des Menschen nach dem Menschheitsideal neu entzünden.[87]

Es wurde versucht, deutlich zu machen, daß der Mensch um die Zeit der «Weltenmitternacht» kein Bewußtsein von den (auch mit ihm zusammenhängenden) Ereignissen in seiner Umgebung hat. Sein bewußtes Empfinden erstreckt sich allein auf das bloße Wissen von dem, was er früher in der Geistwelt erlebt hatte. So drückt sich das zuletzt beschriebene bedeutsame Geschehen des Kampfes der Götter mit Luzifer für sein bewußtes Empfinden nur dadurch aus, daß zu der Zeit, wo sich im Äußeren dieser Kampf entscheidet, in ihm eine Art Überdruß gegenüber seinem bloßen Wissen entsteht: es wird jetzt «unerträglich» für ihn, «weil es nur Wissen ist».[88] Zugleich empfindet der Mensch mit diesem für ihn ganz theoretisch gewordenen Wissen seine Abgeschnittenheit von der Götterwelt, und «aus der Tiefe der Einsamkeit heraus ... bildet sich die Sehnsucht, wiederum in die (Erden-)Welt sich hineinzuleben».[89] Die aufsteigende Sehnsucht nach Realität bringt ihn wieder in Beziehung zum Erdenleben. Und anstelle des göttlichen Wissens beginnen nun Bilder sein Bewußtsein zu erfüllen, die ihm erneut das vergangene Erdenleben gegenüberstellen. Zwar leidet er auch jetzt wieder an allem von ihm verübten Unrecht – und besonders bestürzend ist für ihn der Schmerz, den er den hohen Geistwesen mit seinen untermenschlichen Genüssen zugefügt hat – aber seine Willenskraft und Urteilsfähigkeit sind inzwischen so weit gereift durch das zeitweise Leben der göttlichen Weisheit in seinem Innern, daß er jetzt mit größter Klarheit und Entschiedenheit den ja schon im Kamaloka vorbereiteten Entwurf seines nächsten Erdenlebens ausarbeiten kann. Dabei stellen sich nacheinander erst die ihm nahestehenden, dann die fernerstehenden Menschen, zuletzt die «Idealgestalten» des vergangenen und künftigen Lebens vor ihn hin. So werden die ausgleichenden Schicksalsverhältnisse vorbereitet.[90]*

In Abhängigkeit davon, wieviel Kraft und Einsicht der Mensch in der Geistwelt gewinnen konnte, erliegt er an diesem Punkt der Lebensplanung einer zweiten Versuchung, die wieder darin besteht, mit bereits Errungenem zufrieden zu sein, und die darüber entscheidet, ob er im nächsten Leben einen Wert für die Welt haben oder geistig degenerieren wird.[92]

Der Abstieg durch die Regionen von Saturn, Jupiter, Mars, Sonne

In den Tierkreisregionen wurden bereits die geistigen Anlagen des Menschenkörpers differenziert: Im Bereich «jener geistigen Wesenheiten, deren physischer Abglanz das Sternbild des Widders ist», wurde am Kopf, in dem des Stieres an der Kehlkopf-Lungenpartie gearbeitet.[93] Entsprechend entstehen die Anlagen der Schultern in den Zwillingen, der Brust im Krebs, des Herzbereichs im Löwen, des Bauches in der Jungfrau, des Beckens in der Waage, der Reproduktionsorgane im Skorpion, der Oberschenkel und -arme im Schützen, der Knie und Ellen-

* Das kann so weit gehen, daß sich der Mensch entschließt, die Geistgestalt seines eigenen künftigen Erdenkörpers, an der er in der Geistwelt gearbeitet hat, einem Menschen zu geben, den er in seinem vorigen Erdenleben stark geschädigt hat, und dessen künftigen Körper selbst anzunehmen. Diese Entscheidung trifft er aus dem Erkenntnislicht des Erzengels Michael und der Liebe des Christus.[91]

bogen im Steinbock, der Unterschenkel und -arme im Wassermann, der Füße und Hände in den Fischen.[94] Den Kräften dieser Tierkreisregionen ist ebenso die Veranlagung der zwölf Sinne des Menschen zuzuschreiben.[95]

Beim Abstieg des Menschen kommt es darauf an, das in der Geistwelt Erworbene in die Geistanlage, in den «Geistkeim» des Menschen hineinzuarbeiten. Wieder sind es die durch Vergangenheit und Zukunft verbundenen Menschen, die unter Anleitung und Hilfe höherer Wesen diese Arbeit gemeinsam ausführen. «Und das ist eine wunderbare Art, wie da ein Mensch an dem anderen arbeitet, wie diese Arbeit im Einklange geschieht mit den Wesenheiten der höheren Hierarchien, ...».[96]

Der Mensch hatte ja beim Aufstieg in der Saturnsphäre – mehr oder weniger bewußt und umfassend – dasjenige in sich aufgenommen, was das Götter-Weltengedächtnis enthält; jetzt «wird das, was in ihm eingepflanzt war als Weltengedächtnis, sozusagen verirdischt. Zurückverwandelt in die Fähigkeit des Menschengedächtnisses wird das Weltengedächtnis. Und wenn der Mensch wiederum in der Jupitersphäre angelangt ist, wird zurückverwandelt, was er erlangt hat durch die Anschauung der Göttergedanken, in die Fähigkeit, Menschengedanken zu fassen, die dann im gewöhnlichen Bewußtsein widergespiegelt werden können, wenn die Kopfanlage des Menschen sich vereinigt mit der physischen Embryonalanlage.»[97] Auf diese Weise leben dann die Göttergedanken, die «Urbilder», als Schatten, als «Abschattungen» ihrer selbst im Menschen und bilden seine Gedankenwelt[98] (vgl. in Kap. 2: «Urbilder des Physischen»).

Das Vernehmen der Göttersprache, des Weltenwortes in der Marsregion bewirkt beim Abstieg in dieser Region die Entstehung des «etwas niedrigeren Geistigen», aus dem «dann später das menschliche Ich sich offenbart»[99]: die Sprachfähigkeit des Menschen.

Diese ganz ursprüngliche Veranlagung von Gedächtnisfähigkeit, Denkfähigkeit und Sprachfähigkeit aus der kosmischen Fähigkeit zur «Geistorientierung», zum «Aufleuchten-Lassen der Weltgedanken im Innern» und zum «Logos-Erleben» wird von Venus-, Merkur- und Mondregion noch weitergeführt: bis zu ganz konkreten Anlagen für das aufrechte Gehen, für das Sprechen und Denken auf der Erde.[100]

In der Sonnenregion vollzieht sich mit der Veranlagung des Herzens ein wesentliches Ereignis, für dessen Schilderung folgendes noch einmal in Erinnerung gerufen werden muß:

Der Aufstieg des Menschen in die Planetenregionen bedeutet zugleich seine entsprechende sphärische Ausdehnung, so daß der Mensch in seiner Ausdehnungsgröße immer eins mit der Planetenregion ist, in welcher er sich gerade befindet. Ebenso bedeutet ja der Abstieg eine der jeweiligen Regionsgröße entsprechende Komprimierung, Verdichtung seines Wesens. Währenddessen hat der Mensch in der Geistwelt zugleich das subjektive Empfinden von rhythmischem Sich-Ausdehnen und Sich-Zusammenziehen, von einem Außer-sich-Sein und In-sich-Sein, bedingt durch das mit seiner Leuchtkraft wechselnde Licht-Finsternis-Erlebnis (vgl. S. 30). Dieses Empfinden vom rhythmischen Sich-Ausdehnen und Sich-Zusammenziehen hat der Mensch auch beim Abstieg bis zu dem Moment, wo er in der Sonnenregion, d. h. in der Seelenwelt angelangt ist. Denn hier bekommt dieses rhythmische

Sich-Ausdehnen und Sich-Zusammenziehen bereits die Bedeutung dessen, was künftig die Herztätigkeit ist. Schon hier entwickelt sich aus diesem Rhythmus das Erlebnis des eigenen «Herzschlags». Aber noch schlägt das Herz nicht *in* ihm, sondern indem er in die Seelenwelt eintritt und mit seiner eigenen aurischen Sphäre eins wird mit der Sonnensphäre, ist er selbst wie ein großes makrokosmisches Herz. Indem der Mensch sich verdichtet bis zur Sonnenregion und «sich zusammenkonzentriert in bezug auf das, was er seelisch, moralisch, geistig ist», bildet er selbst das makrokosmische Herz, das als seelisches geistig-moralisches Wesen sich später mit der nun auch veranlagten physischen Herzform des Embryos verbindet, so daß diese physische Herzform dann «umgeben und verbunden (ist) mit alledem, was der Mensch wert geworden ist durch seine bisherigen Erdenleben». Durch das Pulsen seines makrokosmischen Herz-Daseins fühlt sich der Mensch ganz mit der von hohen Geistwesen erfüllten Umgebung verbunden, denn in dieser lebt er wie in einer kosmischen Leiblichkeit: die Ströme einer Zirkulation gehen hin und her zwischen ihm und diesen Wesen und werden zur geistigen Anlage seiner späteren Blutzirkulation.[101]

So wie im Zusammenhang mit der Sonnenregion Herz und Blutkreislauf geistig veranlagt werden, so steht auch die Bildung und Tätigkeit der anderen inneren Organe im Zusammenhang mit den übrigen Planetenregionen: Saturn → Milz, Jupiter → Leber, Mars → Galle, Venus → Nieren, Merkur → Lunge, Mond → Gehirn / Fortpflanzungsorgane.[102]

Der Mensch bringt aber auch die Kräfte der Planeten als seelische Eigenschaften auf die Erde. In dem Maße, wie er ihnen in den Regionen begegnet ist, zeigt er auf Erden Tiefsinn (Saturn), weisheitstrahlende Tätigkeit (Jupiter), aggressive Fähigkeit (Mars), harmonisierendes Wesen (Venus), Aufrichtekraft / Ichkraft (Merkur), schöpferische Fähigkeit (Mond).[103]

In bezug zum Seelischen und Geistigen des Menschen ist der Einfluß der Planeten beim Abstieg des Menschen durch ihre Regionen ungeheuer vielfältig und umfassend – umso mehr dadurch, daß Planeten- und Tierkreiskräfte auch zusammenwirken. Beispiel: Saturn bei starkem Einfluß bewirkt im Leben später «leicht erdenfremde Menschen»; kommt es aber zum Zusammenwirken von Saturn mit beispielsweise dem Löwen, differenziert sich der Einfluß so, daß der Mensch im Leben nicht so schnell «umgeworfen» wird dank seiner Eigenschaft, «äußeren Lebenszufällen gescheit zu begegnen». Unter dem Einfluß von Saturn mit dem Steinbock hingegen entstehen «schwache Menschen, die zusammensinken unter den äußerlichen Lebensverhältnissen».[104]

Diese bestimmenden Einflüsse sind so zu verstehen, daß sie nicht etwa den zuvor ausgearbeiteten Schicksalsplan stören, sondern das Mittel zu seiner Verwirklichung sind (es «prägt die Form, die lebend sich entwickelt» – Goethe, «Urworte Orphisch»). Denn so, wie sich das Erdenleben des Menschen und was er selbst infolgedessen nachtodlich durchmachen mußte, in den Planetenregionen eingeschrieben hat, so wirkt beim Abstieg das Entsprechende aus diesen Regionen wieder auf ihn zurück, so daß der Mensch die Einflüsse und Kräfte von dort erhält, die ursprünglich von ihm selbst verursacht wurden und für die Umsetzung seines neuen Schicksalsplans notwendig sind.[105]

Die Zeit vor der Wiedergeburt (Venus-, Merkur-, Mond-Region, Erdennähe) – Seelenwelt

Die Geschehnisse der letzten Phase vor der Wiedergeburt greifen ineinander und sind, so wie bereits die zuletzt beschriebenen inneren und äußeren Prozesse in der Geistwelt, nur schwer in zeitlicher Folge und nacheinander zu schildern.

Vor Eintritt des Menschen in die Seelenwelt hatte in der Geistwelt der Kampf der Götter mit Luzifer um den Menschen stattgefunden. Luzifer wollte den Menschen zum Verbleib in der Geistwelt verführen, obwohl er die Ziele seiner Entwicklung noch nicht erreicht hat. Die Folge dieses Kampfes ist, daß der Mensch in den Raum «herausgeworfen» und die Geistwelt vor ihm verhüllt wird.[106] Diese Verhüllung der Geistwelt bedeutet für den Menschen, daß er die geistigen Wesen nicht mehr wahrnimmt. Er erlebt nicht mehr die ganze Landschaft der *Urbilder*, sondern von nun an deren irdische *Abbilder*. Er hat «nicht mehr den Anblick der geistigen Wesenheiten wie sie sind, sondern ... ihre Abbilder», d. h. «ein Bewußtsein, das nur die Offenbarungen dieser geistigen Wesen enthält».[107]

Der Mensch in sich selbst empfindet die Folgen des Götterkampfes zunächst ja nur in Form eines Überdrusses gegenüber seinem theoretischen, göttlich-geistigen Wissen; sein Interesse für die rein geistige Welt verwandelt sich «zum Interesse an einer Generationsfolge», an deren Ende er selbst wiedergeboren wird.[108] Das Menschenbewußtsein trennt sich nun vom göttlichen Weltbewußtsein, das den Menschen lange Zeit erfüllt hatte: «Jetzt tritt ein von der Welt abgesondertes Inneres auf.»[109] Der Mensch «fühlt sich eigentlich jetzt erst (wieder) als ein ‹Selbst›». Was er an Erlebnissen in der Geistwelt hatte, schwindet aus seinem Gedächtnis. Es geht ihm dabei wie jemandem, «der nach seinen Erinnerungen sucht und sie nicht fassen kann».[110]

Der Vorgang, bei dem der Mensch in den Raum «herausgeworfen» und sein Bewußtsein verhüllt wird, ist zeitlich ausgedehnt vorzustellen. Er beginnt etwa in dem Moment, in welchem der Mensch bei seinem Abstieg durch die Planetenregionen die Grenze der Sonnenregion (also die Grenze der Seelenwelt) überschreitet; er beginnt also da, wo das makrokosmische Herz des Menschen anfängt zu schlagen (vgl. S. 40/41). Es ist die Geburt in der Seelenwelt, und wie bei der physischen Geburt das Herz anfangen muß zu schlagen, wenn der Mensch aus dem mütterlichen Organismus herausgedrängt wird, so beginnt jenes makrokosmische Herz zu schlagen, wenn der Mensch aus der Geistwelt «herausgeworfen» wird.[111] Und «da fällt sein Blick schon hinunter auf die Generationenreihe, an deren Ende das Elternpaar steht».[112]

Indem der Mensch, des göttlichen Wissens überdrüssig, sich sehnsuchtsvoll zur Erde wendet, beginnt sein Herz zu pochen, und indem dieses makrokosmische Herz tätig wird, verschreibt sich der Mensch der Erde. – Wo das Herz des Menschen schlägt, ist er der Erde verbunden.

Der Mensch tritt nun wieder in die Venus- und Merkurregion ein. Dort organisiert sich, in welcher Volks- und Sprachkultur, in welchem Generations- und Familienzusammenhang er geboren werden wird.[113] Entsprechend dem *urbildhaft* ausgearbeiteten Schicksalsplan werden jetzt, «soweit es möglich ist», bzw. nach «bester Gelegenheit» die passenden *konkreten* Verhältnisse gesucht.[114]*

Nach der Merkurregion kommt der Mensch wieder zur Mondregion. Es ist der Bereich, in dem auch die Tier-(Gruppen-)seelen beheimatet sind. In ihrer Gesamtheit erwecken sie in dem herannahenden Menschen den Eindruck einer stark bewegten «Nebelwolkenwelt», und er fühlt, daß er nicht «ungeschoren» da hindurchkommen wird, wenn er nicht all seine Geisteskraft zusammennimmt. Konnte er diese nicht ausreichend in der Geisteswelt gewinnen (weil er auf Erden keine Christus-Beziehung gesucht hatte), werden sich allerlei niedere Triebe und Instinkte beim Durchgang durch die Tierseelen-Nebelwolkenwelt an ihn heften und ihn in seinem nächsten Leben begleiten.[116]

Inzwischen hat sich der Astralleib des Menschen aus seelischen Substanzen gebildet, die in der Seelenwelt verteilt sind: wie Eisenspäne von den Kräften eines Magnetfeldes werden sie «herangezogen und geordnet nach den Kräften, die in der Seele sind».[117] Dieser Astralleib zieht den Menschen besonders zur Mutter, so wie sein Ich ihn zum Vater hinzieht und die Anlage des Ätherleibes ihn zum Volke gezogen hat.[118]

Mit dem Mondeneinfluß entscheidet der Mensch auch sein Geschlecht: kommt er zur Mondenregion, wenn der Mond sich für seine Perspektive verdunkelt (von der Erde aus gesehen zunehmender Mond), wird er Frau. Sieht er den Mond sich erhellen (von der Erde aus abnehmender Mond), wird er

* Aus anderer Perspektive kann auch gesagt werden: die gesuchten Verhältnisse auf der Erde gestalten sich *durch* den noch ungeborenen Menschen: er regt die auf der Erde Lebenden zu entsprechendem Tun und Schaffen an;[115] er versucht z. B., die geeigneten Eltern zusammenzuführen.

Mann.[119] Ebenso bestimmen sich mit den Mondphasen Augen- und Haarfarbe.[120]

Der Eintritt in die Mondregion ist zugleich der Zeitpunkt der Empfängnis.[121] In diesem Augenblick entgleitet dem Menschen der «Geistkeim» seines physischen Körpers, an welchem er lange Zeit in der Geistwelt mit den ihm verbundenen Menschen unter Anleitung hoher Wesen gearbeitet hatte: er «verliert» ihn im Moment der Zeugung. Der Geistkeim geht schon «hinunter» und verbindet sich mit dem physischen Keim;[122] der Mensch ist noch «oben» und hat dadurch ein gewaltiges Entbehrungsgefühl. «Und diese Entbehrung, die zieht jetzt aus aller Welt die geeigneten Ingredienzien des Weltenäthers zusammen»,[123] und es bildet sich aus den «Urkräften» und «Substanzen» des Weltenäthers ein eigener Ätherleib.[124] Etwa in der dritten Schwangerschaftswoche ist es soweit, daß sich der Mensch mit Äther-, Astralleib und Ich dem embryonalen Keim verbindet. Aber erst etwa ab der 7. Woche kann der Ätherleib und etwa ab dem 7. Monat der Astralleib in die embryonale Entwicklung intensiver eingreifen. Das Ich des Menschen ist in den letzten Schwangerschaftsmonaten indirekt, ab der Geburt unmittelbar im Körper wirksam, jedoch erst etwa 40 Tage nach der Geburt beginnt es, «das Leibliche zu seinem Ausdruck zu machen» (z. B. im Lachen und Weinen).[125]

In der Mondregion erlöschen Erinnerungsfähigkeit und Bewußtsein des Menschen ganz.[126] Nur in den Tagen, in denen sich aus dem Weltenäther sein Ätherleib zusammenzieht, kommt es offenbar noch ein letztes Mal wie zu einem Aufleuchten seines Bewußtseins: es erfüllt sich für einen kurzen Moment mit all dem, «was ihm bevorsteht im künftigen Leben». In diesem «außerordentlich wichtigen Moment» wird dem Menschen ein Überblick über das nahende neue Erdenleben gegeben, so wie unmittelbar nach dem Tode ein Panorama seines vergangenen Lebens ihn umgab, als sein Ätherleib in den Kosmos ausströmte.[127] Der Mensch muß nach dieser Vorschau sein Bewußtsein verlieren, weil Erinnerungs- und Bewußtseinskräfte potenzielle Wachstumskräfte sind, die als *solche* bei der Ausarbeitung des Embryos insgesamt gebraucht und entsprechend umgewandelt werden.[128] (Der Mensch hat deshalb auch keine Erinnerung an das Vorgeburtliche, denn «die Kräfte, die zu Erinnerungskräften werden könnten, die werden aufgebraucht, um den Leib zu organisieren».[129]) Schon zuvor stand der Verlust des kosmischen Weltbewußtseins infolge des Götterkampfes gegen Luzifer im Zusammenhang mit der Hinwendung des Menschen zur Erde und mit den Vorbereitungen zu seiner Leib-Umhüllung: sein göttliches Wissen, alle kosmische Weisheit wird dem Menschen nicht etwa genommen, wenn sein Bewußtsein verhüllt wird, sondern umgewandelt in Lebenskräfte, die sein Körperdasein erwirken. Der gesamte Inkarnationsprozeß kann so beschrieben werden, daß man sagt: «Und wir müssen, wenn wir wieder auf der Erde ankommen, so viel Weisheit in Lebenskräfte umgewandelt haben ..., daß wir genug Lebenskräfte haben, um die Vererbungssubstanz, die wir von Vater und Mutter bekommen, ... durchdringen» und «genügend organisieren» können.[130]

V
Bewußtsein und Wahrnehmung nach dem Tod*

«Es ist ein Irrtum, wenn man annimmt, daß der Bewußtseinszustand des Menschen im Devachan dämmerhaft, schattenhaft sei. Das ist nicht der Fall. Wir müssen betonen, daß derjenige Grad eines Bewußtseins, den der Mensch erreicht hat, nicht wieder verlorengehen kann, wenn auch bei gewissen Übergängen Herabdämpfungen stattfinden, ...».[131] «Ja, das Bewußtsein, das der Mensch (nach dem Tode) ... hat, ... ist ein viel helleres und wacheres, als wir es auf der Erde im normalen Leben haben ... alles Leben hier auf der Erde verhält sich wie Traum zur Wirklichkeit im Verhältnis zu dem, was wir an Helligkeit des Bewußtseins durchleben nach dem Tode.» «... so erhellt sich unser Bewußtsein jedesmal, wenn wir in eine neue Sternenregion eintreten. Nur, wenn wir wieder zurückgehen, dem neuen Erdenleben entgegen, wird dieses Bewußtsein wieder stufenweise abgedämpft.»[132]

Auch hat der Mensch nach dem Tod «ein deutliches Bewußtsein ... für das, was vorgeht hier auf dem Erdenrund».[133] Seine noch lebenden, ihm nahestehenden Mitmenschen kann er unmittelbar, die verstorbenen indirekt wahrnehmen.[134]

Solange der Mensch in der Seelenwelt weilt, hat er zudem ein Empfinden für das, was die Lebenden sprechen.[135] Allerdings kann er zu ihnen nur Kontakt bekommen, wenn sie ihn in ihrem Denken und Fühlen suchen; denn er ist in der Seelenwelt ganz und gar beansprucht von der Verarbeitung seiner

* Quellenangaben werden nur für Inhalte gemacht, die bisher nicht dargestellt wurden.

vergangenen Biographie.[136] Erst in der Geistwelt kann der Mensch von sich aus die Verbindung zu den Lebenden aufnehmen und in ihnen wirksam sein.[137]

Soviel kann ganz allgemein gesagt werden.

Entscheidend für Bewußtsein und Wahrnehmung nach dem Tod ist die Tatsache, daß für den Menschen infolge seiner sphärischen Ausbreitung Innenwelt *Außenwelt* und Außenwelt *Innenwelt* wird.[138] Es beginnt damit, daß er seine bisherige Innenwelt, seine Erinnerungsgedanken und -vorstellungen als Bilder-Panorama um sich herumgestellt sieht. Im weiteren erlebt er seine Gefühlswelt um sich herum als Wärme und Kälte, alles Begierdenhafte als «verzehrendes Feuer» und «dämonische Schatten»,[139] seine Gedanken umgeben ihn als elementare Wesen.[140] Was hingegen im Leben mittels seiner Taten aus ihm herausdrang, kommt nun in ihn hinein; was z. B. durch sein Wirken in seiner *Umwelt* gefühlt wurde, fühlt *er* jetzt in sich. Sein eigenes, bisher verborgenes Inneres, seine innere Moralität wird zur offenbaren, äußeren Physiognomie, die von anderen Wesen unmittelbar wahrgenommen wird. Was man als seine äußere «Gestalt» bezeichnen kann, ist also von seinen ehemaligen inneren Eigenschaften gebildet.[141] Inneres wird zur äußeren Realität. Alle anderen Wesen nimmt er nicht wie früher in der *Außenwelt* wahr, sondern *in sich* selbst, so wie früher sein eigenes Ich.[142] Äußeres wird zur inneren Realität. Was im Leben als Sonne bezeichnet wurde, strahlt aus seinem Innern in eine Landschaft, von der man eigentlich sagen muß: sie breitet sich in einem Innenraum aus, der von seiner eigenen, persönlichen Hülle umgeben wird (wenn auch diese Landschaft der Geistwelt verständnishalber als Außenwelt beschrieben wurde).

Was der Mensch zwischen Tod und neuer Geburt als Außenwelt erlebt, ist eigentlich Innenwelt; er selbst schaut von der Peripherie seiner groß ausgedehnten eigenen Sphäre da hinein.[143]

Ein grundsätzliches Problem* stellt für jede Wahrnehmung nach dem Tod der Umstand dar, daß Bewußtsein und Wahrnehmung nicht wie im Leben sich aus dem Grenzerlebnis, aus dem Anstoßen an das andere Äußere, Feste ergeben, sondern aus der Eigenschaft der Gelöstheit, der Beweglichkeit, ja aus der Fähigkeit, sich zu durchdringen. Da der Mensch im Erdenkörper das Bewußtwerden durch Anstoßen gewohnt und sein ganzes Erdendasein auf diese objektive Antipathiekraft des Sich-Abgrenzens gegründet ist, muß er Prozesse durchmachen, welche die in ihm wirkenden Antipathiekräfte in Sympathiekräfte umwandeln: das in ihm sich Abgrenzende und Verhärtete wird durch eine Art Feuerprozeß gelöst («Läuterungsfeuer»), damit sich der Mensch sympathisch wie die Wärme mit der Umgebung der Geistwelt verbinden kann; denn das ist die Voraussetzung zu bewußter Wahrnehmung der Geistwelt und ihrer Wesen. Dieser Zusammenhang soll näher erläutert werden:

Im physischen Erdenleben sind – der Eigenart der Materie entsprechend – die Antipathiekräfte vorherrschend. Sie sind auch zur Individualisierung notwendig. Sie bewirken, daß alles Irdische sich voneinander abgrenzt. Sie verursachen das Gesetz der physischen Welt: daß nichts da sein kann, wo ein anderes

* In den folgenden 6 Absätzen sind Inhalte aus GA 9 (die ca. zehn letzten Seiten des Kapitels «Die Seelenwelt»), GA 231 (die ca. acht ersten Seiten des Vortrags vom 17.11.1923, nachmittags) und GA 230 (die ca. sieben ersten Seiten des Vortrags vom 11.11.1923) zusammengefasst.

ist. Diese Antipathiekräfte* sind die Grundkräfte von allem Körper-Dasein, durch sie besteht auch der materielle Leib des Menschen. Sie bewirken Kälte, Verfestigung, Erstarrung, Unbeweglichkeit. Um in die Geistwelt aufsteigen zu können, müssen die auf Erden nötigen Antipathiekräfte in Sympathiekräfte umgewandelt werden, da in der Geistwelt nicht das Gesetz der Abgrenzung, sondern das Gesetz der gegenseitigen Durchdringung gilt.

Antipathiekräfte liegen auch dem Sinnesleben, den Trieben und Begierden zugrunde. Sie zielen möglichst auf Wohlbehagen und erzeugen Selbsterlebnis, das ist Abgrenzung. Sie bewirken die Wahrnehmung von sich selbst, nicht von Anderem. Triebe und Begierden sind antipathische Seelenkräfte, erzeugend seelische Abgrenzung, Starrheit, Unbeweglichkeit. Alle Wahrnehmung von anderen Wesen ist aber in der Seelenwelt nur durch die eigene Beweglichkeit, Flexibilität – «Toleranz» – möglich. Der Wahrnehmungsakt geschieht so, daß sich ein Wesen an ein anderes aus der Entfernung wie anlegt, wie anschmiegt und dadurch mit seiner ganzen «Gestalt» das andere Wesen wie abtastet und so einen Eindruck von ihm bekommt. Es ist «gewissermaßen ein Betasten, aber auf Entfernung hin».[144]

Die Gestalt des Menschen nach dem Tod ist in ihrer Physiognomie Ausdruck seiner seelisch-geistigen Eigenart, seiner Moralität. Entsprechend ist diese Gestalt unbeweglich und starr nach einem unmoralischen, von Sinnesbegierden und Materialismus bestimmten Leben. Der Mensch kann mit einer von Unmoralität geprägten steifen Gestalt über das «Tasterleb-

* Ausdrücke wie «Antipathiekräfte», «Sympathiekräfte» etc. sollen hier keinesfalls moralisierend verstanden werden. Ohne Wertung bezeichnen sie objektive Verhältnisse.

nis» nur eine Wahrnehmung von Gestalten seiner eigenen Physiognomie, d. h. von ebenso unmoralischen Menschen haben. Andere kann er – wegen seiner Starrheit – nicht ertasten, wahrnehmen. Er lebt daher in einer einsamen, frostigen Gesellschaft seinesgleichen; jede Begegnung mit einem Wesen gibt ihm immer wieder nur ein erschreckendes Spiegelbild von sich selbst und «übt eine scharfe Justiz, denn der Mensch steht da fortwährend unter dem Eindruck: So wie diese, so bist du auch!».[145] Das entwickelt große Willenskräfte, sich im nächsten Leben zu ändern.

Indem der Mensch in der Seelenwelt die Schädlichkeit des sinnlich und materiell orientierten Lebens, die Schädlichkeit von Haß und Kälte, die Schädlichkeit der in die Seele gedrungenen Antipathiekräfte sehr schmerzvoll erfährt, entwickelt sich aus dem Brennen des Schmerzes die Wärme, die nötig ist, um alle Kälte und Härte, um alles Eis zu schmelzen, um alles Verfestigte und Starre zu lösen. («Läuterungsfeuer», kath. «Fegefeuer».) Was durch Antipathiekräfte kalt und fest geworden ist, wird durch Wärme wieder gelöst und weich. Auf diese Weise können die durch Antipathiekräfte, durch Unmoral erstarrten Gestalten so gelöst und beweglich werden, daß sie allmählich vollkommenere und höhere Wesen «ertasten», wahrnehmen können.

Haß und Kälte entwickelt der Mensch, wenn er die in seinem Leib sinnvoll wirkenden Antipathiekräfte, die sein Skelett und seinen Körper gefestigt haben, durch sinnlich-materiell orientiertes Leben in die Seele hineingenommen hat. Über die Gesetzmäßigkeiten der Seelenwelt werden diese Antipathiekräfte dem Menschen von hohen Geistwesen für die Zeit abgenommen, die er in der Geistwelt zur Neuorientierung braucht. Nur ohne Antipathiekräfte kann er in die Geistwelt gelangen und dort wahrnehmen, was über seine eigene Unvollkommenheit weit hinausgeht und seine Weiterentwicklung ermöglicht.

Die Kräfte der Antipathie können dem Menschen aber nur bis zu einem gewissen Grade abgenommen werden, und derjenige, der zu Lebzeiten nicht im Geringsten die Fähigkeit zu innerer Beweglichkeit, Toleranz, Sympathie, Liebe geübt hat, muß wegen seiner kaum zu erweichenden Starrheit in frostiger Einsamkeit und ohne Wahrnehmungen die höheren Regionen des nachtodlichen Daseins «in einem gewissen schlafähnlichen Zustand» durchlaufen.[146] Es ist im Grunde das Streben nach den eigentlich überkonfessionellen, urchristlichen Idealen, das den Menschen vor solchem Schicksal bewahrt. Er muß den die ganze Menschheit betreffenden Christus-Impuls und die spirituellen Begriffe, wie sie sich aus diesem ergeben, in sich aufgenommen haben,* «wenn er die Verdunkelung seines Bewußtseins vermeiden will. Dasjenige, was der Mensch mitnimmt als Christus-Vorstellungen, das ist eine Kraft, die das Bewußtsein nach dem Tode hell macht, ...». «Das Ereignis von Golgatha bewahrt den Menschen vor dem geistigen Tode, wenn er es mit seinem eigenen Wesen identifiziert.»[147]

Das Begierdenhafte im Menschen verringert die Wahrnehmungsfähigkeit nach dem Tode; der Materialismus ist sogar geradezu «ein Augenausreißer»: «Das, sage ich, ist der große Schmerz für den, der in die Initiationswissenschaft der Gegen-

* Es ist nicht so entscheidend, ob man ein konfessioneller Christ gewesen ist, vielleicht auch einer anderen Religion zugehörte etc., sondern ob Impulse, wie sie in den Taten Christi zum Ausdruck kommen, in einem lebendig geworden sind.

wart hineinschaut, daß er sich sagen muß: Der Materialismus macht die Leute blind, wenn sie durch die Pforte des Todes treten.»[148]

Die Veränderung des Bewußtseins im Laufe der nachtodlichen Zeit

Der großartige Augenblick des Todes – man beachte bitte nochmals die Leitzitate (Seite 9)! –, der Moment, in dem sich der Geist losringt vom Leib, hat etwas so Überraschendes, unerwartet Herrliches und Gewaltiges, daß der betroffene Mensch dadurch wie aufgeweckt wird in seinem neuen Dasein. Dieses Ereignis steht fortan immer vor seinem seelisch-geistigen Blick und ist der Quell, aus dem sich im weiteren sein Ich-Bewußtsein nährt und erhält. Als Ur-Erlebnis der Auferstehung vermag es den Menschen mit dem Mysterium von Golgatha zu verbinden, sofern er zu Lebzeiten den Christus-Impuls in sich aufgenommen hat. Das gibt ihm die Möglichkeit, die Erinnerung an sein Ich bis in die höchsten Regionen der Geistwelt zu bewahren.[149]

Nach dem Verlust seiner Erinnerungen, die ihm mit dem Lebenspanorama davonschweben, geht der Mensch durch eine Art Ohnmacht und findet sich neu in gefühlsmäßigem Erleben seiner Biographie aus der Perspektive seiner Umwelt. Dieses in «wollendem Fühlen» und «fühlendem Wollen» befangene Bewußtsein[150] erhellt sich lichthaft, sobald der Mensch die Geistwelt erreicht. Mit dem aus seinem Innern hervorquellenden Licht kann er die Landschaft der Geistwelt so weit und so lange beleuchten und wahrnehmen, wie er sich die Voraussetzungen dazu im Erdenleben erworben hat. Sein Bewußtsein und Wahrnehmen ist dabei vom rhythmischen Wechsel seines Sich-nach-innen- und Sich-nach-außen-Wendens bestimmt. Ist er nach außen gewandt, erreichen den Menschen neben großartigen Klangwelten (Sphärenharmonien) und Wortgewalten (Logoskräften) die intensivsten Farbeindrücke; durch sie alle offenbaren sich ihm die Wesen der Geistwelt.[151] Ist er nach innen gewandt, ruht er ganz in sich selbst und verarbeitet die neuen Eindrücke.

Um die Mitte der Zeit zwischen Tod und neuer Geburt nimmt seine Leuchtkraft immer mehr ab, bis sie schließlich ganz erlischt. Indem er in seiner stillen Einsamkeit einen Überdruß gegenüber den in der Geistwelt gesammelten Weisheitsschätzen entwickelt, steigen mit der wiedererwachenden Sehnsucht nach dem Erdenleben die Erlebnisse seiner Biographie in ihm auf. Der Mensch richtet seine Aufmerksamkeit auf seine vergangenen und künftigen Erdenverhältnisse und vergißt, verliert dabei seine göttlichen Wissenschätze. Die hohen Bewußtseinskräfte, die nötig waren, um diese göttlichen Wissensschätze im Bewußtsein zu tragen, werden als solche nicht mehr gebraucht und in Lebenskräfte umgewandelt. Je näher der Mensch der Erde kommt, desto mehr Lebenskräfte werden auf Kosten von Bewußtseinskräften gebildet, desto dumpfer wird sein Bewußtsein.[152] Nach einem letzten wachen Erlebnis: nach der Vorschau auf das bevorstehende Erdenleben versinkt der Mensch schließlich in tiefste Bewußtlosigkeit, damit alles Wachstumskraft werden kann.[153]

VI
Zusammenfassung

Man kann den nachtodlichen Weg durch die Seelenwelt einen Prozeß der Verinnerlichung des Erdenlebens nennen, durch den hindurch der Mensch eine neue Außenwelt, die Landschaft der Geistwelt erblickt. Dort ist er im Äußeren tätig, und wenn er auch rhythmisch sich in sich abschließt, ist er doch mit den Erlebnissen in der Geistwelt beschäftigt und nicht mit seiner Biographie. Zurück in der Seelenwelt, wendet er sich wieder seiner individuellen Situation zu, wie sie sich aus dem vergangenen und künftigen Erdendasein ergibt.

In der Seelenwelt macht der Mensch das durch, was in Anlehnung an sein Persönliches erlebt werden kann; in der Geistwelt gehen seine Erlebnisse «über alles Persönliche hinaus».[154]

Nach seinem Tod gewinnt der Mensch zunächst in einem großen Panorama Überblick über das verflossene Leben. Dann durchläuft er rückwärts seine Biographie und erlebt alles, was er seiner Umwelt zugefügt hat, an sich selbst. Zugleich muß er sich schmerzvoll von seinem Hang zur Sinnenwelt lösen und anhand der eigenen Biographie die Destruktivität von Egoismus und Materialismus jeder Art erkennen. Er ist in dieser Zeit ganz auf sich gerichtet und entwickelt stärkste Willenskräfte. Diese werden Grundlage zur Schaffung von Schicksalsverhältnissen, die im künftigen das vergangene Erdenleben ausgleichen.

Der Mensch hat sich damit in der Seelenwelt die Voraussetzungen geschaffen, um nach außen gerichtet im weisheitstrahlenden Licht der Geistwelt zu leben, sich neu zu orientieren und an der Körpergestalt und der Umwelt seines künftigen Erdendaseins zu arbeiten. Die kosmischen Einflüsse hoher Geistwesen bewirken, daß die Arbeit die rechte Form annimmt und der Mensch beim Abstieg durch die Seelenwelt geeignete Verhältnisse und Substanzen findet, die zur Realisierung seines Schicksalsplanes und seiner neuen Leiblichkeit nötig sind. Wie beim Aufstieg richtet sich seine Aufmerksamkeit nun wieder auf sein Persönliches, aber im Hinblick auf das Künftige, wie es «notwendig» aus dem Vergangenen folgen muß. Die Sehnsucht, die Not zu wenden – wieder gutzumachen, was seine schlechten Taten verursacht haben –, zieht ihn hin zu seinen früheren Mitmenschen. Ein Vorschau-Tableau schließt die Vorbereitung auf das neue Leben ab.

Nachwort

Die vorausgehende Darstellung der nachtodlichen Erlebnisse kann nicht als vollständig angesehen werden; die Fülle des Quellenmaterials ist zu groß und inhaltsschwer. Auch ist es ein fast waghalsiger Versuch, all die verschiedenartigen Schilderungen Rudolf Steiners zu verbinden. Es wird kritische Stimmen geben, die einen solchen Umgang mit Äußerungen Rudolf Steiners unter dem Vorwand ablehnen, daß das Zusammenfügen unterschiedlicher Einzelaspekte außerhalb ihres Zusammenhanges zu Irrtümern führen *müße*.

Es war jedoch gerade mein Anliegen, nicht bei Einzeldarstellungen stehen zu bleiben, sondern durch die Zusammenschau ein Bild vom Ganzen zu gewinnen, indem das im Einzelnen widersprüchlich Erscheinende als Sich-Ergänzendes erkennbar wird.

Ich hatte diese Arbeit fast abgeschlossen, als ich auf die folgenden Äußerungen Rudolf Steiners stieß, die ich zur Rechtfertigung meines Verfahrens am Schluß anführen darf:

«Es könnte ja scheinen, als ob es genügend wäre, den Durchgang durch das zwischen zwei Erdenleben befindliche übersinnliche Dasein nur so darzustellen, wie ich es etwa in meiner ‹Theosophie› getan habe. ... Allein, man muß ja auch in der Erkenntnis weiterschreiten.»[155]

«Es darf nicht jemand kommen und sagen: Ja, er hat uns ja den Durchgang des Menschen durch die Zeit zwischen dem Tode und einer neuen Geburt das eine Mal so, das andere Mal so geschildert! – Wenn jemand in eine Stadt reist, einmal, ein zweites Mal und so weiter, so beschreibt er auch, je nachdem er die Stadt kennenlernt, die Dinge verschieden. Man muß dann die Einzelheiten zusammenfassen. So handelt es sich auch darum, daß die verschiedenen Schilderungen der Erlebnisse des Menschen in der übersinnlichen Welt eben zusammengefaßt, zusammengeschaut, zusammengedacht werden. Dann erst bekommt man einen Eindruck von dem, was die übersinnliche Welt ist, und was der Mensch in dieser übersinnlichen Welt erlebt.» «Alle diese Dinge müssen nach und nach zusammengefaßt werden.»[156]

Witten, 14. August 1996 *Martin Burckhardt*

Anmerkung am Schluß

Die vorliegende Schrift ist ursprünglich als Abschlußarbeit der dreijährigen Ausbildung am anthroposophisch orientierten Altenpflegeseminar Dortmund vorgelegt worden (September 1995). Sie wurde zum Zwecke der Veröffentlichung grundlegend überarbeitet. Dieser Arbeit war damals das folgende Vorwort beigegeben:

Der Tod ist für den Menschen auf dieser Erde allgemein das bedeutendste Ereignis – ohne Zweifel. Selbst die Geburt, die ja seine Voraussetzung ist, kann den Menschen kaum so unmittelbar berühren, wie sein eigener Tod oder der seines Mitmenschen.

Der Tod vermag den innersten Kern der Seele aufzuschließen. Er impulsiert zu den außerordentlichsten Handlungen; er erregt die intensivsten Empfindungen und Gefühle; er führt zu den tiefsten Gedanken und Erkenntnissen.

Die bange Frage des Menschen nach dem «Danach» rüttelt an den Grundfesten seines Daseins. Schaut er dem Tod ins Auge, kann er nicht anders, als in seinem Innern nach Wurzel und Sinn des Lebens zu suchen.

Der alte Mensch und der Altenpfleger müssen sich der Konfrontation mit dem Tod stellen. Jeder Versuch auszuweichen, erschwert dem alten Menschen seinen Eintritt in das vor ihm stehende, unbekannte Dasein und verringert die Eignung des Altenpflegers, den alten Menschen auf seinem Weg zu begleiten und zu betreuen. Das ehrliche Ringen mit dem Rätsel des Todes wird sie beide so verbinden, daß Kräfte entstehen, durch die der alte Mensch Vertrauen entwickelt, und der Altenpfleger den Tod des alten Menschen erträgt, ohne ihn zu verdrängen.

Es ist eine nachvollziehbare Erfahrung, daß ein sich tief begründender Glaube an das Fortleben des Menschen nach dem Tode dem alten Menschen und dem Pfleger in ihrer Aufgabe hilft. Angesichts der großen Glaubenskrise unserer Zeit, die früher oder später sicherlich jeden Einzelnen betrifft, möchte ich mit dieser Arbeit einen Zusammenhang von Erkenntnissen darstellen, wie ich ihm bisher sonst nirgends begegnet bin, gemessen an Umfang, Differenziertheit und Begründung. Diese Erkenntnisse der Geisteswissenschaft Rudolf Steiners (1861–1925) über das nachtodliche Dasein stellen für mich eine ungewöhnliche Herausforderung dar. Wo die Quelle des *Glaubens* versiegt, bieten sie vielleicht die Chance, über das *Denken* und *Vorstellen* ein neues Verhältnis zum nachtodlichen Dasein zu gewinnen.

Insofern würde ich mich freuen, wenn diese Darstellung der Altenpflege und dem einen oder anderen Menschen eine neue Perspektive eröffnet.

Witten, 15. August 1995 *Martin Burckhardt*

Quellennachweis / Anmerkungen

Alle Darstellungen gründen sich auf Zitate Rudolf Steiners. Detaillierte Titelangaben zu den hier aufgeführten GA-Nummern finden sich im Literaturverzeichnis, siehe S. 67ff.

GA = Rudolf Steiner Gesamtausgabe
(Die angegebenen Seitenzahlen beziehen sich jeweils auf die im Literaturverzeichnis aufgeführten Ausgaben.)

W = Zitate vorliegend in: Günther Wachsmuth «Die Reinkarnation des Menschen» (siehe Literaturverzeichnis)

Anmerk.	
1	1. Zitat: GA 157, S. 188 2. Zitat: GA 174b, S. 99 3. Zitat: GA 99, S. 54 4. Zitat: GA 157, S. 188
2	GA 141, S. 75
3	GA 141, S. 176
4	u.a. GA 95, S. 40f.
5	GA 231, S. 115, 98 u. 63
6	GA 140, S. 268
7	GA 140, S. 269
8	GA 140, S. 204
9	GA 140, S. 269; GA 141, S. 39
10	vgl. GA 141, S. 39 u. GA 140, S. 67 mit GA 13, S. 106
11	GA 99, S. 70; vgl. auch: GA 105, Vortr. v. 7.8.1908 GA 104, Vortr. v. 20.6.1908 GA 110, Vortr. v. 15.4.1909 GA 123, Vortr. v. 2.9.1910

Anmerk.	
12	GA 140, S. 204
13	u. a. GA 231, Vortr. v. 13.11.1923
14	GA 141, S. 175–185
15	GA 9, S. 109
16	GA 63, S. 333
17	GA 13, S. 95
18	GA 99, S. 37f.
19	GA 63, S. 334
20	GA 168, S. 18f.
21	GA 99, S. 39; GA 13, S. 109
22	GA 153, S. 147
23	GA 234, S. 151
24	GA 226, S. 18
25	GA 234, S. 151
26	GA 63, S. 336
27	GA 234, S. 153–157
28	GA 131, Vortr. v. 7.10.1911 (bes. S. 79f.)
29	GA 231, S. 75f.
30	GA 63, S. 337

Anmerk.

31 GA 157a, S. 26;
GA 226, S. 16ff.
32 GA 226, S. 17ff.
33 ebda.
34 vgl. entsprechende Kapitel in GA 9 u. GA 13, ebenso auch: GA 95, S. 33ff.; GA 99, S. 39; GA 141, Vorträge v. 20.11.1912 u. 11.2.1913; GA 234, Vortr. v. 10.2.1924; u.a.
35 vgl. GA 141, S. 55
36 GA 157, Vortr. v. 22.2.1915
37 vgl. Anmerk. 34
38 GA 234, S. 153ff.; GA 13, S. 103f.; GA 9, S. 113f.
39 GA 140, S. 48–52; vgl. auch: GA 141, S. 39–49 u. 175–183
40 GA 140, S. 48ff.; GA 141, S. 40f.
41 GA 140, S. 50
42 GA 140, S. 192f.; GA 144, Vortr. v. 4.2.1913
43 GA 141, S. 40f.
44 GA 140, S. 71; W, S. 115
45 GA 231, S. 105
46 GA 141, S. 164
47 GA 231, S. 105
48 GA 141, S. 42–48
49 GA 140, S. 52
50 GA 140, S. 58
51 GA 231, S. 117
52 GA 231, S. 118
53 GA 9, S. 122f.
54 GA 231, S. 118

Anmerk.

55 GA 157a, S. 48
56 GA 157, S. 159f.
57 GA 63, S. 340f.
58 W, S. 102
59 GA 153, S. 158ff., 165 u. 57f.; GA 63, S. 340–345
60 W, S. 135f.; vgl. GA 153, Vorträge v. 8.4., 10.4. u. 13.4.1914
61 GA 140, S. 71ff.; GA 141, S. 178
62 GA 9, S. 136f. (berücksichtige: 1. Region des Geisterlandes entspricht Marsregion)
63 W, S. 130; GA 141, Vortr. v. 1.4.1913
64 vgl. GA 9, S. 137 (berücksichtige: 2. Region des Geisterlandes entspricht Jupiterregion)
65 GA 231, S. 88 u. 106; GA 230, S. 206
66 vgl. z.B. GA 9, S. 137
67 GA 231, S. 88
68 GA 230, S. 206
69 GA 95, S. 50
70 GA 226, S. 35
71 GA 99, S. 49
72 GA 168, Vortr. v. 3.12.1916; GA 140, Vortr. v. 27.10.1912
73 GA 179, Vortr. v. 10.12.1917; GA 182, Vortr. v. 30.4.1918; GA 261, Vorträge v. 9. u. 10.5.1914
74 GA 231, S. 122

Anmerk.

75 GA 140, S. 191f.
76 GA 231, S. 122ff.
77 vgl. GA 9, S. 134ff.
78 GA 231, S. 123
79 GA 231, S. 123f.
80 GA 141, S. 185
81 GA 9, S. 140–145
82 W, S. 130 u. 135
83 GA 153, S. 97
84 GA 153, S. 99 u. 58
85 GA 153, S. 158–160; GA 63, S. 344
86 GA 153, S. 99–103
87 ebda.
88 GA 63, S. 344f.
89 GA 153, S. 59
90 GA 63, S. 345–348; GA 153, S. 58f. u. 163–166
91 GA 218, Vortr. v. 19.11.1922
92 GA 153, S. 163f.
93 GA 218, Vortr. v. 19.11.1922
94 Analog-Schluß auf Grundlage der Vorträge v. 28.10.1921 (in GA 208) u. v. 7.6.1912 (in GA 137)
95 GA 169, Vortr. v. 18.7.1916
96 GA 231, S. 124
97 GA 231, S. 124f.
98 GA 9, S. 120ff. u. 132ff.
99 GA 231, S. 126
100 GA 219, S. 22ff.
101 GA 231, S. 127ff.
102 vgl. GA 208, Vortr. v. 22.10.1921; GA 243, Vortr. v. 21.8.1924; GA 140, S. 320

Anmerk.

103 GA 140, S. 274; GA 279, Vortr. v. 2.7.1924
104 GA 218, Vortr. v. 5.11.1922 (bes. S. 121f.)
105 vgl. GA 140, S. 272ff.
106 GA 153, S. 101
107 W, S. 143f.
108 W, S. 147
109 W, S. 143
110 W, S. 147
111 Der Inhalt dieses Absatzes kann nicht mit Zitaten Rudolf Steiners belegt werden; er ergibt sich aber aus der Zusammenschau seiner Schilderungen.
112 GA 231, S. 129
113 GA 231, S. 129
114 W, S. 148; GA 231, S. 129
115 GA 140, Vortr. v. 11.10.1913
116 GA 216, Vortr. v. 16.9.1922
117 GA 99, S. 50
118 GA 99, S. 55
119 GA 106, S. 83; GA 218, Vorträge v. 5.11.1922 (bes. S. 120), v. 7.12.1922 (bes. S. 293) u. v. 12.11.1922 (bes. S. 139)
120 GA 218, Vortr. v. 5.11.1922
121 GA 231, S. 129
122 GA 219, S. 12f.
123 GA 226, S. 40
124 GA 219, S. 12f.; GA 99, S. 55; W, S. 151
125 W, S. 165ff.
126 vgl. GA 13, S. 117

Anmerk.

127 GA 99, S. 51
128 GA 231, S. 130
129 GA 153, S. 61
130 GA 153, S. 127
131 GA 99, S. 54
132 GA 231, S. 130
133 GA 99, S. 54
134 GA 157a, S. 44ff.
135 GA 141, Vortr. v. 3.12.1912
136 GA 140, Vortr. v. 27.10.1912
137 vgl. Anmerk. 72 u. 73
138 GA 157a, S. 45; vgl. auch: GA 219, Vortr. v. 26.11.1922; GA 157, Vortr. v. 17.1.1915; GA 167, Vortr. v. 7.3.1916; GA 176, Vortr. v. 5.6.1917
139 vgl. z. B. GA 13, S. 106ff.
140 vgl. GA 9, S. 132f.; GA 63, S. 334
141 Wird auf den folgenden Seiten erläutert und belegt.

Anmerk.

142 GA 13, S. 109
143 GA 141, S. 74
144 GA 231, S. 100
145 GA 231, S. 100–104
146 GA 140, S. 203
147 GA 106, S. 129; vgl. auch: GA 141, S. 155ff. u. GA 153, S. 161
148 GA 219, S. 71f.; vgl. auch: GA 13, S. 103f.
149 GA 153, S. 161; GA 157a, S. 21f.
150 GA 63, S. 336f.
151 vgl. GA 13, S. 111; GA 231, S. 122
152 GA 140, S. 76f.
153 GA 231, S. 130; GA 153, S. 61
154 GA 141, S. 183
155 GA 231, S. 115
156 GA 231, S. 113f.

Literaturverzeichnis

GA = Rudolf Steiner Gesamtausgabe
(herausgegeben von der Rudolf Steiner-Nachlaßverwaltung, erschienen im Rudolf Steiner Verlag, Dornach / Schweiz)

* = Als Studiengrundlage empfohlen

Rudolf Steiner:

GA 9* Theosophie (1987)

GA 13* Die Geheimwissenschaft im Umriß (1989)

GA 63 Geisteswissenschaft als Lebensgut. 12 Vorträge, Berlin 1913/14, daraus der Vortrag vom 19.3.1914: «Zwischen Tod und Wiedergeburt des Menschen» (1986)

GA 95* Vor dem Tore der Theosophie. 14 Vorträge und 2 Fragenbeantwortungen, Stuttgart 1906 (1990)

GA 99 Die Theosophie des Rosenkreuzers. 14 Vorträge, München 1907 (1985)

GA 104 Die Apokalypse des Johannes. 13 Vorträge, Nürnberg 1908 (1985)

GA 105 Welt, Erde und Mensch, deren Wesen und Entwickelung sowie ihre Spiegelung in dem Zusammenhang zwischen ägyptischem Mythos und gegenwärtiger Kultur. 11 Vorträge, Stuttgart 1908 (1983)

GA 106 Ägyptische Mythen und Mysterien. 12 Vorträge, Leipzig 1908 (1992)

GA 110 Geistige Hierarchien und ihre Widerspiegelung in der physischen Welt. Tierkreis, Planeten, Kosmos. 10 Vorträge und 2 Fragenbeantwortungen, Düsseldorf 1909 (1991)

GA 123 Das Matthäus-Evangelium. 12 Vorträge, Bern 1910 (1988)

GA 131 Von Jesus zu Christus. 11 Vorträge, Karlsruhe 1911 (1988)

GA 137 Der Mensch im Lichte von Okkultismus, Theosophie und Philosophie. 10 Vorträge, Kristiania (Oslo) 1912 (1993)

GA 140	Okkulte Untersuchungen über das Leben zwischen Tod und neuer Geburt. 20 Einzelvorträge, in versch. Städten 1912/13 (1990)
GA 141*	Das Leben zwischen dem Tode und der neuen Geburt im Verhältnis zu den kosmischen Tatsachen. 10 Vorträge, Berlin 1912/13 (1983)
GA 144	Die Mysterien des Morgenlandes und des Christentums. 4 Vorträge, Berlin 1913 (1985)
GA 150	Die Welt des Geistes und ihr Hereinragen in das physische Dasein. 10 Vorträge, in versch. Städten 1913 (1980)
GA 153	Inneres Wesen des Menschen und Leben zwischen Tod und neuer Geburt. 8 Vorträge und 1 Ansprache, Wien 1914 (1978)
GA 157	Menschenschicksale und Völkerschicksale. 14 Vorträge, Berlin 1914/15 (1981)
GA 157a	Schicksalsbildung und Leben nach dem Tode. 7 Vorträge, Berlin 1915 (1981)
GA 167	Gegenwärtiges und Vergangenes im Menschengeiste. 12 Vorträge, Berlin 1916 (1962)
GA 168	Die Verbindung zwischen Lebenden und Toten. 8 Einzelvorträge, in versch. Städten 1916, daraus der Vortrag vom 22.2.1916: «Über das Ereignis des Todes und Tatsachen der nachtodlichen Zeit»* (1995)
GA 169	Weltwesen und Ichheit. 7 Vorträge, Berlin 1916 (1963)
GA 174b	Die geistigen Hintergründe des Ersten Weltkrieges. 16 Vorträge, Stuttgart 1914–1918 u. 1921, daraus der Vortrag vom 23.11.1915 (1994)
GA 176	Menschliche und menschheitliche Entwicklungswahrheiten. Das Karma des Materialismus. 17 Vorträge, Berlin 1917 (1982)
GA 179	Geschichtliche Notwendigkeit und Freiheit. Schicksalseinwirkungen aus der Welt der Toten. 8 Vorträge, Dornach 1917 (1993)
GA 182	Der Tod als Lebenswandlung. 7 Einzelvorträge, in versch. Städten 1917/18 (1986)

GA 208 Anthroposophie als Kosmosophie – Zweiter Teil. 11 Vorträge, Dornach 1921 (1992)

GA 216 Die Grundimpulse des weltgeschichtlichen Werdens der Menschheit. 8 Vorträge, Dornach 1922, daraus der Vortrag vom 16.9.1922: «Die Erlebnisse des Menschen zwischen Tod und neuer Geburt» (1988)

GA 218 Geistige Zusammenhänge in der Gestaltung des menschlichen Organismus. 16 Vorträge, in versch. Städten 1922 (1992)

GA 219 Das Verhältnis der Sternenwelt zum Menschen und des Menschen zur Sternenwelt. 12 Vorträge, Dornach 1922 (1994)

GA 226 Menschenwesen, Menschenschicksal und Welt-Entwickelung. 7 Vorträge, Kristiania (Oslo) 1923, daraus die beiden Vorträge vom 16.5.1923 und 17.5.1923 (1988)

GA 230 Der Mensch als Zusammenklang des schaffenden, bildenden und gestaltenden Weltenwortes. 12 Vorträge, Dornach 1923 (1993)

GA 231 Der übersinnliche Mensch, anthroposophisch erfaßt. 7 Vorträge, Den Haag 1923 (1982)

GA 234 Anthroposophie – Eine Zusammenfassung nach einundzwanzig Jahren. 9 Vorträge, Dornach 1924, daraus der Vortrag vom 10.2.1924: «Die Erinnerungsfähigkeit des Menschen» (1994)

GA 243 Das Initiaten-Bewußtsein. 11 Vorträge, Torquay (England) 1924 (1993)

GA 261 Unsere Toten. Ansprachen, Gedenkworte und Meditationssprüche 1906–1924, mit 2 Vorträgen, Kassel 1914 (1984)

GA 279 Eurythmie als sichtbare Sprache. Laut-Eurythmie-Kurs, 17 Vorträge, Dornach und Penmaenmawr 1922–1924 (1990)

Günther Wachsmuth: Die Reinkarnation des Menschen (Dornach 1935)

Fortsetzung siehe folgende Seite

Weitere Titel mit Aussagen zum Thema:

Thementaschenbuch:

Rudolf Steiner – Themen aus dem Gesamtwerk, Band 15: Das Leben nach dem Tod (Stuttgart 1993)*

Bände aus der Rudolf Steiner Gesamtausgabe:

GA 114: Das Lukas-Evangelium / *GA 120:* Die Offenbarungen des Karma / *GA 147:* Die Geheimnisse der Schwelle / *GA 159:* Das Geheimnis des Todes / *GA 172:* Das Karma des Berufes des Menschen in Anknüpfung an Goethes Leben / *GA 189:* Die soziale Frage als Bewußtseinsfrage / *GA 190:* Vergangenheits- und Zukunftsimpulse im sozialen Geschehen / *GA 205:* Menschenwerden, Weltenseele und Weltengeist – Erster Teil / *GA 207:* Anthroposophie als Kosmosophie – Erster Teil / *GA 214:* Das Geheimnis der Trinität / *GA 236:* Esoterische Betrachtungen karmischer Zusammenhänge – Zweiter Band / *GA 349:* Vom Leben des Menschen und der Erde. Über das Wesen des Christentums

Sonderausgabe:

Rudolf Steiner: Der Tod – die andere Seite des Lebens. Wie helfen wir den Verstorbenen? Wortlaute und Meditationssprüche (Dornach 1994)

Max Hoffmeister: Die übersinnliche Vorbereitung der Inkarnation (Basel 1991)

Max Hoffmeister: Die Auferstehungsleiblichkeit (Basel 1992)